Gesundheit und Wohlbefinden im Lehrerberuf

**Psychologie im Schulalltag
Band 1**

Gesundheit und Wohlbefinden im Lehrerberuf
Prof. Dr. Uta Klusmann, Natalie Waschke

Herausgeber der Reihe:
Prof. Dr. Caterina Gawrilow, Prof. Dr. Marcus Hasselhorn,
Prof. Dr. Ulrich Trautwein, Prof. Dr. Christina Schwenck, Stefan Drewes

Uta Klusmann
Natalie Waschke

Gesundheit und Wohlbefinden im Lehrerberuf

Prof. Dr. Uta Klusmann, geb. 1976. 1999 bis 2004 Studium der Psychologie an der FU Berlin; 2008 Promotion, 2005 bis 2010 wissenschaftliche Mitarbeiterin am MPI für Bildungsforschung. 2010 bis 2013 Juniorprofessorin für Lehr-Lern-Forschung an der Christian-Albrechts-Universität Kiel. Seit 2013 Professorin für Empirischen Bildungsforschung am Leibniz-Institut für die Pädagogik der Naturwissenschaften und Mathematik in Kiel. Arbeitsschwerpunkte: Wohlbefinden und professionelle Kompetenz von Lehrkräften.

Dipl.-Psych. Natalie Waschke, geb. 1986. 2005 bis 2011 Studium der Psychologie in Köln; anschließend dort Dozentin für Pädagogische Psychologie und Entwicklungspsychologie. Seit 2012 Schulpsychologin im Zentrum für Schulpsychologie in Düsseldorf. Arbeitsschwerpunkte: Beratung von Lehrkräften, Eltern, Schülerinnen und Schülern; Lehrergesundheit und Prüfungsangst.

Bibliografische Information der Deutschen Nationalbibliothek
Die Deutsche Nationalbibliothek verzeichnet diese Publikation in der Deutschen Nationalbibliografie; detaillierte bibliografische Daten sind im Internet über http://dnb.dnb.de abrufbar.

Das Werk einschließlich aller seiner Teile ist urheberrechtlich geschützt. Jede Verwertung außerhalb der engen Grenzen des Urheberrechtsgesetzes ist ohne Zustimmung des Verlags unzulässig und strafbar. Das gilt insbesondere für Vervielfältigungen, Übersetzungen, Mikroverfilmungen und die Einspeicherung und Verarbeitung in elektronischen Systemen.

Hogrefe Verlag GmbH & Co. KG
Merkelstraße 3
37085 Göttingen
Deutschland
Tel. +49 551 999 50 0
Fax +49 551 999 50 111
verlag@hogrefe.de
www.hogrefe.de

Umschlagabbildung: © DGLimages – iStock.com by Getty Images
Satz: Matthias Lenke, Weimar
Druck: Media-Print Informationstechnologie, Paderborn
Printed in Germany
Auf säurefreiem Papier gedruckt

1. Auflage 2018
© 2018 Hogrefe Verlag GmbH & Co. KG, Göttingen
(E-Book-ISBN [PDF] 978-3-8409-2863-5; E-Book-ISBN [EPUB] 978-3-8444-2863-6)
ISBN 978-3-8017-2863-2
http://doi.org/10.1026/02863-000

Inhaltsverzeichnis

Vorwort 7

1 **Gesundheit im Lehrerberuf: Eine Einführung in ein individuell, schulisch und bildungspolitisch relevantes Thema** 8

2 **Grundlegende Konzepte und theoretische Ansätze** 12
2.1 Einführung zentraler Konstrukte zum Thema Gesundheit 13
2.1.1 Beeinträchtigung von Gesundheit: Stress, Beanspruchung und Burnout im Beruf 13
2.1.2 Die positive Seite von Gesundheit: Arbeitszufriedenheit, Engagement und Freude an der Arbeit 22
2.2 Zentrale Theorien zur Erklärung (beruflicher) Gesundheit 25
2.2.1 Das Transaktionale Stressmodell 26
2.2.2 Stress als Resultat fehlender Ressourcen 28
2.2.3 Berufliche Anforderungen und Ressourcen 29

3 **Aktuelle Forschungsbefunde zur Gesundheit im Lehrerberuf** 33
3.1 Gesundheitsstand der Berufsgruppe 33
3.2 Berufliches Wohlbefinden und Unterrichtsverhalten 37
3.3 Ursachen von Wohlbefinden und Gesundheit 40
3.3.1 Berufswahl und potenzielle Selektionseffekte 41
3.3.2 Individuelle Eigenschaften und Fähigkeiten 42
3.3.3 Schulischer Kontext und berufliche Anforderungen 48
3.4 Interventions- und Trainingsstudien 54
3.4.1 Förderung individueller Ressourcen und Bewältigungskompetenzen 55
3.4.2 Förderung berufsspezifischen Wissens und Könnens 61

4 **Konkrete Handlungsoptionen** 64
4.1 Der Blick auf sich selbst 66
4.1.1 Das berufliche Selbstverständnis 66
4.1.2 Energiespender und -fresser 68

4.1.3	Stressbeschleunigende Gedanken	69
4.1.4	Achtsamkeit	72
4.1.5	Selbstwertschätzung	74
4.2	Kompetenzen und Professionalisierung	78
4.2.1	Klassenführung	79
4.2.2	Schwierige Gespräche führen	81
4.2.3	Umgang mit negativen Emotionen	84
4.2.4	Unterstützung nutzen	86
4.2.5	Zeitmanagement	91
4.3	Work-Life-Balance	97
4.3.1	Von der Arbeit in die Erholung	97
4.3.2	Erholung	100
4.3.3	Entspannungstechniken	105
4.4	Gesundheit im Schulsystem	108
4.4.1	Gesundheitsförderliches Schulleitungshandeln	108
4.4.2	Entlastungsideen für Schulen	110
4.4.3	Gesundheit als Schulentwicklungsthema	111
5	**Ausblick**	**117**
6	**Weiterführende Literatur**	**119**
Literatur		**121**

Vorwort

Lehrerinnen und Lehrer sind Schlüsselfiguren im schulischen Alltag. Sie gestalten den Unterricht, machen außerunterrichtliche Angebote und begleiten Schülerinnen und Schüler und ihre Familie teilweise über einen langen Zeitraum. Die Anforderungen und Erwartungen an Lehrkräfte sind hoch, von Seiten der Gesellschaft, der Politik, der Eltern und Schülerinnen und Schüler. Eine zentrale Voraussetzung, den Erwartungen und Anforderungen gerecht zu werden, sind gesunde und engagierte Lehrkräfte.

Die Basis des aktuellen Buches bildet unsere langjährige Arbeit zum Thema Gesundheit im Lehrerberuf. Dabei war es uns ein wichtiges Anliegen, dass sich Forschung und Praxis in diesem Buch begegnen. So haben wir versucht unsere Erfahrungen in der Forschung und der schulpsychologischen Arbeit mit belasteten Lehrkräften oder Kollegien zu integrieren.

Wir möchten all denjenigen Lehrkräften, Schulpsychologen und Schulpsychologinnen, Studierenden und Wissenschaftler bzw. Wissenschaftlerinnen, die sich wissenschaftlich und/oder in der Praxis mit dem Thema Gesundheit in der Schule beschäftigen, sowohl aktuelle Forschungsbefunde als auch praktische Handlungsempfehlungen vermitteln.

Wir möchten uns bei allen bedanken, die uns während der Anfertigung dieses Buches unterstützt haben und auch bei den vielen Lehrkräften, die an unseren Studien und Gesundheitstagen teilgenommen haben.

Besonderer Dank gilt unseren Ansprechpersonen im Verlag, Dr. Michael Vogtmeier, Kathrin Rothauge und Franziska Stolz, sowie den Herausgebern der Reihe „Psychologie im Schulalltag", Stefan Drewes, Prof. Dr. Caterina Gawrilow, Prof. Dr. Marcus Hasselhorn, Prof. Dr. Ulrich Trautwein und Prof. Dr. Christina Schwenck für die Möglichkeit, dieses Buch zu verwirklichen.

Viele Personen haben dieses Buch im Lauf der Entstehung gelesen, Ideen beigesteuert und uns Rückmeldung gegeben. Unser Dank geht hierbei besonders an Karen Aldrup, Juliane Schmidt und Katharina Zimmermann sowie Annika Winter, Vanessa Rieks, Sandra Schneider und Stefanie Hölsken.

1 Gesundheit im Lehrerberuf: Eine Einführung in ein individuell, schulisch und bildungspolitisch relevantes Thema

Gesundheit im Lehrerberuf – das ist weder ein Zustand, den man hat oder nicht hat, noch ein Zustand, den man erreicht und ab einem gewissen Alter wieder verliert. Gesundheit ist ein komplexes Phänomen (siehe Kapitel 2), das alle Lebensbereiche betrifft und für die Berufstätigkeit einen hohen Stellenwert hat. Die beruflichen Tätigkeiten und die Gestaltung der beruflichen Umwelt können sowohl die Gesundheit beeinträchtigen, Stress und Burnout verstärken, als auch zu beruflicher und allgemeiner Zufriedenheit und Engagement beitragen. Gleichzeitig hat die Gesundheit einer Lehrkraft auch Konsequenzen für ihr berufliches Verhalten, z. B. wie engagiert sie den beruflichen Anforderungen begegnen kann. Somit ist die Lehrergesundheit nicht nur ein persönliches, sondern auch ein schulisch und bildungspolitisch relevantes Thema. Wie das vorliegende Buch zeigen soll, gibt es aus der psychologischen Forschung mittlerweile wichtige Erkenntnisse zu Bedingungsfaktoren, Konsequenzen sowie Interventionsmöglichkeiten.

Die Empirie versucht herauszufinden, welche Personen aufgrund welcher Faktoren möglicherweise eher gefährdet sind, im Beruf zu erkranken (siehe Kapitel 3). Dennoch gibt es kein Fallbeispiel, das einen stereotypen Verlauf eines erkrankten Lehrers bzw. einer Lehrerin darstellt und gleichzeitig für alle Lehrerinnen und Lehrer passend wäre. Lehrerinnen und Lehrer sind so verschieden, wie Menschen eben verschieden sind. Sie unterscheiden sich im Geschlecht, im Alter, in der Herkunft, der eigenen (Schul-)Biografie, den Lebensumständen, Interessen und Ansprüchen. Einige Faktoren, wie die Lebensumstände und die Belastbarkeit, verändern sich über verschiedene Lebensabschnitte hinweg, was die Variabilität nur erhöht.

Dies macht deutlich, dass das Individuum mit all seinen Besonderheiten beim Thema Gesundheit im Lehrerberuf eine wichtige Rolle spielt. Gleichzeitig kann die Forschung – wie wir noch sehen werden – wichtige Erkenntnisse für die praktische Arbeit beitragen. In der schulpsychologischen Praxis begegnet man Lehrerinnen und Lehrern mit ihrer ganz eigenen individuellen Geschichte, eigenen Bewältigungsstrategien sowie eigenen Motiven, sich mit ihrer Gesundheit auseinander zu setzen. Um der Vielfalt des Themas gerecht zu werden, skizzieren wir im Folgenden daher einige Fallbeispiele, die so oder so ähnlich in Schulen zu finden sein oder in einer schulpsychologischen Beratungsstelle vorstellig werden könnten.

> **Eine Lehrerin mit verloren gegangener Energie**
>
> Frau K. ist 60 Jahre alt und arbeitet seit fünfunddreißig Jahren als Grundschullehrerin. Sie hat eine erwachsene Tochter, die in einer anderen Stadt studiert. Frau K. hat immer gerne als Grundschullehrerin gearbeitet und sich insbesondere in der Elternarbeit und in verschiedenen schulischen Projekten eingebracht. In den letzten Jahren bemerkt Frau K. allerdings zunehmend, dass sie am Ende jedes Schuljahres sehr stark erschöpft ist. Sie fühlt sich öfter dünnhäutig, genervt und reagiert sensibler auf Lärm. Zuletzt hat sie in der Klasse laut herumgeschrien, als ein Schüler nach der dritten Ermahnung noch immer mit dem Sitznachbarn quatschte – was sie im Nachgang erschrocken und beschämt hat. Früher war Frau. K.s Umgang mit den Kindern warmherzig und zugewandt. In letzter Zeit hat sie den Eindruck, keine Beziehung mehr zu ihren neuen Schülerinnen und Schülern aufbauen zu können.
>
> Mittags muss sie nach der Schule erst mal einen langen Mittagsschlaf halten, um wieder genügend Energie für den restlichen Tag zu bekommen. In Folge dessen hat sie einige schulische Projekte an andere Kollegen abgegeben. Auch im Nachmittagsbereich hat Frau K. einige Aktivitäten gestrichen, die sie sonst immer gerne gemacht hat. Sie trifft sich seltener mit ihren Freunden, zieht sich zu Hause immer mehr zurück. Auch zum Salsakurs ist sie seit Monaten nicht mehr gegangen, weil sie sich abends zu erschöpft fühlt. Dafür hat Frau K. die Leitung einer neuen Klasse übernommen, die sie sehr fordert. Eigentlich hätte sie lieber auf die Übernahme einer neuen Klassenleitung verzichtet. Sie hatte sich aber nicht getraut, dies gegenüber der Schulleitung zu äußern, da Frau K. um die enge personelle Besetzung in der Schule wusste und Sorge hatte, dass andere Kolleginnen und Kollegen unter ihrer Entscheidung zu leiden haben. Gleichzeitig merkt Frau K., dass die Gesamtsituation ihr an die Substanz geht. Immer öfter bekommt sie starke Migräneattacken und muss zu Hause bleiben. Die Anzahl ihrer Krankheitstage ist dadurch in den letzten Monaten deutlich angestiegen. Frau K. würde gerne für die letzten Berufsjahre wieder weniger erschöpft und mit mehr Engagement durchs Schuljahr kommen und sucht jetzt nach Möglichkeiten für sich.

Ein Lehrer mit vielen Aufgaben und wenig Zeit

Herr H. ist Anfang 40, verheiratet und hat zwei kleine Kinder. Seinen Beruf als Gymnasiallehrer für Sport und Biologie geht er humorvoll und mit Elan an. Bei den Schülerinnen und Schülern sowie im Kollegium ist Herr H. beliebt. In der Schule hat er verschiedene Ämter übernommen und befindet sich auch in der Ausbildung als Beratungslehrer. Sowieso wird er in den Pausen und nach der Schule oft von anderen angesprochen und nimmt sich der Anliegen anderer auch gerne an. Herr H. ertappt sich allerdings immer häufiger dabei, wie er sich durch die verschiedenen Aufgaben und Anliegen manchmal verzettelt. Oft sitzt er noch bis spät abends in seinem Arbeitszimmer, um Oberstufenklausuren zu korrigieren oder kopiert in allerletzter Minute Arbeitsblätter für die nächste Stunde. Mehrmals hat er Materialien zu Hause vergessen oder musste Termine verschieben, weil sein Zeitplan zu eng getaktet war. Zu Hause hat sich zudem seine Frau beschwert, dass er so viel arbeitet. Herr H. selbst wünscht sich mehr Zeit für seine Familie und für sich selbst. Gleichzeitig möchte er seine Stellung in der Schule nicht aufgeben, da sie ihm Freude und Arbeitszufriedenheit verschafft. Herr H. fragt sich, ob er einen Weg finden kann, die verschiedenen Aufgaben und Rollen zu vereinen.

Eine Lehrerin mit vielen neuen Herausforderungen

Frau M., 30 Jahre alt, ist gerade mit dem Referendariat fertig geworden und arbeitet jetzt als Sonderpädagogin in einer Förderschule für Hören und Kommunikation. Aktuell ist natürlich jede Situation für sie neu: der erste Elternabend, die erste Projektwoche, der erste Ausflug oder die ersten Förderplangespräche mit Eltern. Vor jeder neuen Situation macht sich Frau M. viele Gedanken, denn sie versucht sich bestmöglich auf alle Eventualitäten vorzubereiten. Insgeheim stresst sie das. Am Abend vor einem Elterngespräch hat Frau M. letztens wach im Bett gelegen, weil sie die potenziellen Gesprächsausgänge immer und immer wieder in ihrem Kopf durchgegangen ist. Da sie Sorge hat, unerfahren zu wirken, hat sie sich bislang nicht getraut, erfahrene Kolleginnen und Kollegen anzusprechen, obwohl diese ihre Hilfe angeboten haben. Frau M. ist sich sicher, dass sie über die Jahre mehr und mehr Erfahrung dazu gewinnen und die Belastung dann auch abnehmen wird. Daher macht sich Frau M. eigentlich noch keine großen Gedanken um ihre Gesundheit, möchte aber dennoch präventiv schauen, was sie noch verändern kann, damit dies auch langfristig so bleibt.

Die drei Fälle zeigen ganz verschiedene Ausgangslagen der beispielhaft skizzierten Lehrerinnen und Lehrern auf. So unterschiedlich die Lebensumstände, Problemstellungen und Anliegen der Lehrerinnen und Lehrer sind, so unterschiedlich werden die Lösungen und Handlungsstrategien sein, welche sie für sich finden – sei es durch eigene Reflexion, Austausch mit Kolleginnen und Kollegen oder in außerschulischen Angeboten (siehe Kapitel 4).

Dieses Buch hat daher den Anspruch, nicht nur die neusten Erkenntnisse aus Forschung und Praxis zum Thema Gesundheit im Lehrerberuf darzustellen, sondern auch der Vielschichtigkeit und Vielseitigkeit des Themenfelds gerecht zu werden.

2 Grundlegende Konzepte und theoretische Ansätze

Lehrkräfte sind wichtige Akteure im Bildungssystem und haben bedeutsamen Einfluss auf die Qualität von Schule, Unterricht und die Lern- und Entwicklungsprozesse der Schülerinnen und Schüler (Hattie, 2009). Die beruflichen Anforderungen, die sich den Lehrkräften stellen, sind vielfältig und beinhalten die Planung und Durchführung eines kognitiv anregenden, klar strukturierten und unterstützenden Unterrichts, die Nachbereitungen, die pädagogische Interaktion mit Schülerinnen und Schülern auch außerhalb des Unterrichts, die Kooperation mit Kollegium und Schulleitung, die Beratung von Eltern, sowie die Beteiligung an Schulentwicklungsprozessen. Die dafür notwendigen Kompetenzen wurden vielfach beschrieben (Baumert & Kunter, 2006; Doyle, 1986; KMK, 2004). Es ist naheliegend, dass diese anspruchsvollen Tätigkeiten nur von gesunden und engagierten Lehrkräften erfolgreich zu bewältigen sind. Ist die Gesundheit der Lehrkraft beeinträchtigt, hat dies aufgrund ihrer zentralen Stellung im Schulsystem vielfältige persönliche sowie berufsbezogene Konsequenzen (siehe auch Kapitel 3). Auf persönlicher Ebene sind seit langem die Folgen von chronischen beruflichen Stress für die physische und psychische Gesundheit bekannt (Schaufeli & Bakker, 2004b). Auch auf beruflicher Ebene ist mit erheblichen Konsequenzen beispielsweise durch häufigere oder längere Fehlzeiten zu rechnen. Zusätzlich mehren sich in jüngster Zeit die empirischen Hinweise, dass gesundheitliche Beeinträchtigungen in Form von Stress und Burnout-Symptomen negative Konsequenzen für die Qualität des Unterrichts und die psychosoziale und kognitive Entwicklung der Schülerinnen und Schülern haben können (Klusmann, Richter & Lüdtke, 2016; McLean & McDonald Connor, 2015).

Vieles spricht also dafür, dem Thema Lehrergesundheit entsprechende Aufmerksamkeit zu widmen. Dies gilt sowohl für die Bereitstellung wissenschaftlicher Befunde als auch die Rezeption dieser Befunde durch politische Akteure, Schulleitungen, Schulpsychologinnen bzw. Schulpsychologen und Lehrkräften. Allerdings stellt sich insbesondere bei der Rezeption der zahlreichen wissenschaftlichen Publikationen die Herausforderung, dass die intensiven Forschungsaktivitäten der letzten Jahrzehnte eine Vielfalt von Konzepten und theoretischen Ansätzen hervorgebracht haben, die oftmals nicht trennscharf verwendet werden. Das folgende

Kapitel widmet sich dieser Herausforderung und möchte durch die Darstellung ausgewählter Begriffe (Kapitel 2.1) und zentraler theoretischer Ansätze zur Erklärung von Gesundheit (Kapitel 2.2) eine erste Orientierung im Thema bieten.

2.1 Einführung zentraler Konstrukte zum Thema Gesundheit

Die Gesundheit einer Person lässt sich durch die Abwesenheit von psychischen und physischen Krankheiten bestimmen, so lautete die frühere Definition entsprechend eines pathogenetischen Modells. Heute allerdings wird Gesundheit nicht mehr nur durch die Abwesenheit von Krankheiten sondern auch durch das Vorhandensein positiver Erlebensqualitäten wie dem psychischen und sozialen Wohlbefinden definiert (vgl. Knoll, Scholz & Rieckmann, 2017; WHO, 1986). Dabei wird betont, dass Gesundheit ein Prozess ist, der immer wieder neu justiert werden muss und in dem die subjektive Einschätzung der Person eine wichtige Rolle spielt.

In der wissenschaftlichen Psychologie werden verschiedene Konstrukte als Teilaspekte von Gesundheit und Wohlbefinden verstanden. Diese lassen sich zunächst danach unterscheiden, ob sie sich der Beschreibung einer negativen Erlebensqualität wie Stress, Beanspruchung oder Burnout als die Gesundheit beeinträchtigende Faktoren widmen, oder ob sie positive Erlebensqualitäten wie Arbeitszufriedenheit, Engagement und Freude betrachten. Das Verhältnis der positiven und negativen Erlebensqualitäten wird viel diskutiert (van Horn; Taris, Schaufeli, Schreurs, 2004). Wichtig ist, dass die Abwesenheit von negativem Erleben wie Stress oder Burnout-Symptomen nicht gleichzeitig die Anwesenheit von Engagement und Zufriedenheit impliziert. Ebenso muss eine eher erschöpfte Lehrkraft nicht gleichzeitig auch unzufrieden sein.

Im Folgenden werden wir zentrale Konstrukte in Hinblick auf negatives sowie positives berufliches Erleben einführen. Sichtet man die Literatur, lässt sich feststellen, dass sich sehr viele Arbeiten einem beeinträchtigten Wohlbefinden widmen, weswegen diese Konzepte auch hier mehr Raum einnehmen werden. Nichtsdestotrotz gilt: Eine gesunde Lehrkraft ist nicht nur nicht gestresst, sondern auch mit ihrer Arbeit zufrieden und engagiert.

2.1.1 Beeinträchtigung von Gesundheit: Stress, Beanspruchung und Burnout im Beruf

Ich habe so viel Stress bei der Arbeit. Ich fühle mich überlastet. Meine Arbeit ist stressig. Sätze wie diese gehören mittlerweile in den Alltagswortschatz der meisten Berufstätigen. Auch die psychologische Forschung hat eine lange Tradition in der

Untersuchung von Belastungen und Stress sowohl im Allgemeinen als auch spezifisch im beruflichen Kontext. Aufgrund der gesellschaftlichen Relevanz der Berufsgruppe ist eine Forschungslinie speziell zum beruflichen Wohlbefinden von Lehrkräften entstanden. Die psychologische Terminologie unterscheidet sich dabei vom alltäglichen Sprachgebrauch. Allerdings werden auch innerhalb der psychologischen Literatur Konstrukte wie Beanspruchung, Belastung, Stress, und Burnout nicht immer trennscharf verwendet. Aus diesem Grund soll zunächst eine Klärung der wichtigen Begriffe erfolgen.

Stress: Verschiedene Perspektiven auf ein bekanntes Phänomen

> **Bitte überlegen Sie kurz:**
>
> Was bedeutet „Stress" für Sie? Welche Gedanken und Gefühle sind mit dem Erleben von Stress verbunden? Bitte notieren Sie kurz Ihre Überlegungen.

In der Stressforschung existieren verschiedene Überlegungen zur Entstehung von Stress. Dabei lassen sich drei unterschiedliche Konzeptionen von Stress unterscheiden: *stimulusorientierte, reaktionsorientierte* und *relationale* bzw. *transaktionale* Ansätze (Knoll et al., 2017; Schwarzer, 1996). *Stimulusorientierte* Ansätze von Stress konzentrieren sich auf die Identifikation und Beschreibung bestimmter Umweltreize, die eine Stressreaktion bei dem betroffenen Individuum hervorrufen. Bei solchen – auch als *Stressoren* bezeichneten – Umweltereignissen werden ganz unterschiedliche Faktoren betrachtet. Viel Forschung gibt es beispielsweise zur Bedeutung sogenannter kritischer Lebensereignisse (siehe auch Aymanns & Filipp, 2009). Kritische Lebensereignisse markieren Übergänge von einer Lebenssituation zur einer anderen, wie beispielsweise der Übergang in den Beruf, Berufswechsel, Arbeitslosigkeit oder aber auch im privaten Bereich ein Umzug, die Geburt eines Kindes oder der Verlust einer engen Bezugsperson. Kritische Lebensereignisse müssen nicht notwendigerweise negativ bewertet werden (z. B. zählt auch die eigene Hochzeit zu den kritischen Lebensereignissen). Vielmehr ist entscheidend, dass diese Ereignisse die Personen mit multiplen Veränderungen konfrontieren, die eine komplexe psychologische Anpassungsleistung erfordern. Sucht man nach erklärenden Faktoren für negatives Erleben in Form von Unzufriedenheit und negativen Emotionen, können kritische Lebensereignisse Auslöser für psychische Belastungen sein. Bei Lehrkräften sind solche kritischen Ereignisse der Einstieg in die berufliche Praxis oder ein beruflicher Wechsel, die zunächst mit einer Reduktion des Wohlbefindens einhergehen können (siehe Kapitel 3). Aber nicht nur die großen Lebensereignisse mit ihren vielfältigen Veränderungen werden als stressrelevant diskutiert. Auch relativ alltägliche Ereignisse, wie eine bestimmte Prüfung, eine Lehrprobe, ein bestimmtes Konfliktgespräch können als sogenannte *daily hassles* zum Stresserleben einer Person beitragen (vgl. Almeida, 2005).

Im Gegensatz zu reizorientierten Ansätzen konzentrieren sich *reaktionsorientierte* Ansätze auf die (physiologische) Reaktion des Individuums auf ein Umweltereignis. Die reaktionsorientierte Auffassung geht insbesondere auf die Arbeiten von Selye (1981) zurück. Er verstand Stress als universelle physiologische Reaktion eines Individuums, die sich durch drei typische Phasen beschreiben lässt. Die erste Phase ist durch die Alarmreaktion des Körpers gekennzeichnet, in der es zu Herzrasen und Blutdruckabfall kommt. Die darauffolgende Widerstandsphase ist durch eine erhöhte Sympathikusaktivierung und gesteigerte Kortisolausschüttung charakterisiert, die über einen längeren Zeitraum als schädlich für den Organismus angesehen wird. Auf die Widerstandsphase folgt die dritte Phase, die durch einen Zustand der Erschöpfung gekennzeichnet ist. In neueren Arbeiten der psychophysiologischen Stressforschung wird betont, dass akuter Stress nicht zwangsläufig gesundheitsschädigende Konsequenzen haben muss, sondern dass vielmehr ein häufiges Durchleben stressrelevanter Situationen, eine fehlende Gewöhnung an diese Situationen oder eine nicht stattfindende Habituation zu einer erhöhten physischen Beanspruchung des Individuums führen (vgl. McEwen, 2002).

Die dritte und heute in der psychologischen Forschung dominante Vorstellung von Stress ist eine *relationale* bzw. *transaktionale* Perspektive. Aus dieser Perspektive wird Stress als Prozess der Interaktion eines Individuums mit seiner Umwelt verstanden, in dem die kognitive Bewertung, d.h. die Gedanken zu einer Situation oder über ein Ereignis, zentral dafür sind, welche Effekte eine umweltseitige Anforderung auf das Erleben der Person hat. Richard Lazarus und Kollegen haben in dieser Tradition bereits in den 70er Jahren ihr bis heute prominentes Transaktionales Stressmodell entwickelt, das zahlreiche empirische Untersuchungen angeregt hat und welches wir in Abschnitt 2.2.1 in seinen zentralen Annahmen darstellen werden (Folkman, 2013; Lazarus, 1966; Lazarus & Folkman, 1984).

Belastung und Beanspruchung: Die Unterscheidung zwischen beruflichen Bedingungen und individuellen Reaktionen

Während sich der Stressbegriff – unabhängig von den beschriebenen Perspektiven – auf alle Lebensbereiche beziehen kann, werden die Bezeichnungen psychische *Belastung* und *Beanspruchung* ganz klar auf den Arbeitskontext bezogen und stellen klassische Konzepte der Arbeitspsychologie und Arbeitsmedizin dar. Mittlerweile haben die Begriffe Belastung und Beanspruchung auch Eingang in die internationale DIN-Norm zur Gestaltung von Arbeit gefunden (ISO/DIN 10075-1:2015). Dabei werden psychische Belastung und Beanspruchung, sowie die kurz- und langfristigen positiven und negativen Folgen der psychischen Beanspruchung definiert. Rudow (2000) hat die Terminologie der Belastungs-Beanspruchungsforschung auf den Lehrerberuf übertragen und in einem vielbeachteten Modell spezifiziert (siehe Abbildung 2.1).

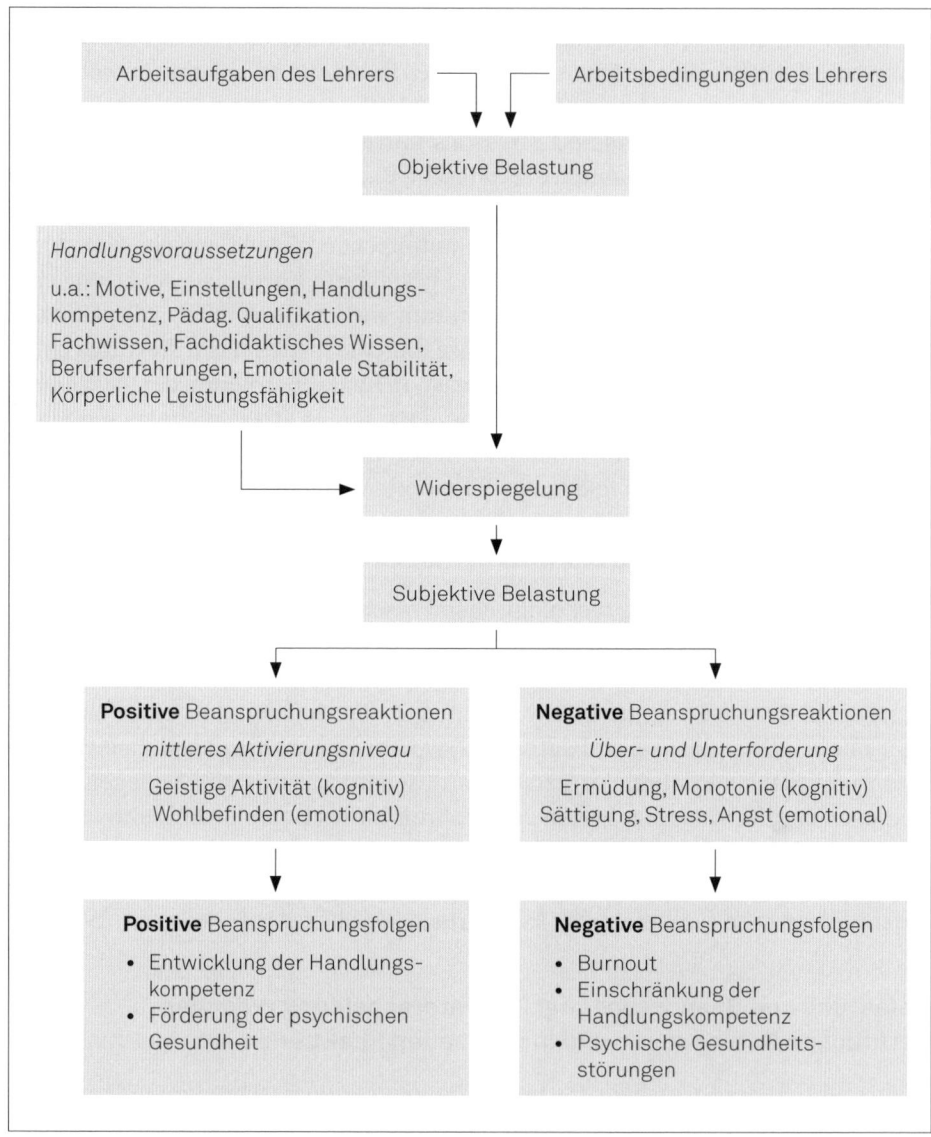

Abbildung 2.1: Rahmenmodell der Belastung und Beanspruchung (Rudow, 1994; zitiert nach Rothland & Klusmann, 2016)

Unter *Belastung* wird demnach die Gesamtheit aller Umwelteinflüsse verstanden, die auf das arbeitende Individuum und dessen Erleben einwirken und sich aus den Merkmalen der spezifischen Arbeitsaufgabe und den Arbeitsbedingungen ergeben. Wichtig ist, dass Belastungen hier als objektiv beschreibbare Merkmale der beruflichen Tätigkeit und des Arbeitsumfeldes gemeint sind und im Gegensatz zum meist negativ gefärbten alltagssprachlichen Einsatz zunächst neutrale Größen darstellen. Belastungen durch die Arbeitsaufgabe können z. B. aus der emotionalen Inanspruchnahme oder dem Ausmaß der individuellen Einflussnahme auf Arbeitsinhalt und -pensum entstehen. Belastungen durch die Arbeitsbedingungen können beispielsweise in der Arbeitszeit, dem Arbeitsablauf oder der Art der Kooperation liegen. Die subjektive Belastung ist ähnlich wie im Transaktionalen Stressmodell das Resultat der Konfrontation des Individuums mit den objektiven Arbeitsanforderungen, die immer vor dem Hintergrund seiner spezifischen Voraussetzungen geschieht. Zentral ist auch hier die Berücksichtigung personenbezogener Merkmale: Die objektiven Belastungen werden aufgrund individueller Voraussetzungen und Ressourcen (Eigenschaften, Fähigkeiten, Handlungskompetenzen, etc.) individuell verschieden erlebt und führen zu unterschiedlich wahrgenommener subjektiver Belastung.

Beanspruchungen sind demgegenüber die personenseitigen Folgen von subjektiven Belastungen. Dabei unterscheidet Rudow (2000) zwischen kurzfristigen Beanspruchungsreaktionen und langfristigen Beanspruchungsfolgen, die nicht notwendigerweise negativ sein müssen. So differenziert Rudow zwischen positiven Beanspruchungsreaktionen wie beispielsweise einer hohen kognitiven Aktivität und Wohlbefinden sowie negativen Beanspruchungsreaktionen wie beispielsweise Ermüdung, Stress und Angst und vertritt damit ein breiteres Verständnis von Gesundheit. Positive Beanspruchungsreaktionen sind dann zu erwarten, wenn eine Person ihre Handlungsmöglichkeiten als ausreichend wahrnimmt, um die Belastung mittels Anstrengung zu bewältigen. Aus einer erfolgreichen Bewältigung können sich positive Beanspruchungsfolgen ergeben wie z. B. eine Weiterentwicklung der eigenen Handlungsvoraussetzungen. Negative Beanspruchungsreaktionen und -folgen sind dann wahrscheinlich, wenn die Belastungen angesichts der zur Verfügung stehenden Handlungsvoraussetzungen zu einer deutlichen Über- oder Unterforderung führen. Stress wäre demzufolge als eine mögliche Beanspruchungsreaktion aufgrund von Überforderung zu verstehen, die sich in negativen emotionalen Reaktionen wie Wut, Ärger, Erschöpfung, Depressivität oder Angst manifestiert. Neben solchen eher akuten Beanspruchungsfolgen werden als Reaktion auf längerfristige Belastungen im Modell auch chronische Beanspruchungsfolgen wie das Burnout-Syndrom integriert.

Burnout: Ein populäres Konstrukt

Burnout ist seit den 1980er Jahren einer der populärsten Begriffe um die langfristigen Folgen beruflicher Beanspruchung zu beschreiben. Im Gegensatz zum Stressbegriff bezieht sich Burnout explizit auf den beruflichen Kontext und beinhaltet verschiedene affektive, motivationale und kognitive Symptome der Erschöpfung (Maslach, Schaufeli & Leiter, 2001). Einer der Ersten, der das Phänomen aus einer klinisch-kasuistischen Perspektive beschrieb, war Herbert Freudenberger mit seiner Publikation „Staff Burn-Out" im Jahr 1974. Der Psychotherapeut aus New York City, der sich ehrenamtlich in sozialen Einrichtungen engagierte, stellte nach etwa einem Jahr bei sich selbst und seinen Kolleginnen und Kollegen symptomatische Veränderungen fest. Die Symptome umfassten unter anderem Müdigkeit, Erschöpfung, Kopfschmerzen und Schlaflosigkeit sowie Ärger, Frustration, Zynismus und Reizbarkeit in sozialen Interaktionen mit anderen. Als Risikogruppe identifizierte Freudenberger insbesondere Personen in Sozialberufen, die sich mit hohem Engagement um andere kümmern. Interessanterweise wies schon Freudenberger darauf hin, dass die Betroffenen und auch er selbst an keinen weiteren psychischen Störungen litten, sondern ihre Symptome ausschließlich auf die Arbeitssituation zurückzuführen seien.

Ansätze zur Definition eines prominenten Phänomens

Ausgehend von diesen ersten Beschreibungen entwickelten sich die Publikationen zum Thema Burnout rasant. Verschiedenen Autorinnen bzw. Autoren sehen als Motor für diese Entwicklung die zeitgleich beginnenden, grundlegenden Veränderungen in der Arbeitswelt, die trotz beschleunigter Vorgänge und vielfältiger Handlungsoptionen zu einem Gefühl von enormer Zeitknappheit führten (Koch, Lehr & Hillert, 2015). Als Ergebnis aktiver Forschungsbemühung in den 1980er und 1990er Jahren liegen mittlerweile verschiedene Definitionen zum Thema Burnout vor, von denen allerdings keine als allgemein akzeptiert angesehen werden kann.

Die wohl populärste Definition des Burnout Konstrukts entstammt den Arbeiten von Christina Maslach und Kollegen. Sie postulieren: „Burnout is a prolonged response to chronic emotional and interpersonal stressors on the job" (Maslach et al., 2001, S. 397). Burnout stellt demnach ein arbeitsbezogenes Konstrukt dar, bestehend aus der Symptomtrias: Emotionale Erschöpfung, Depersonalisation und subjektiv verminderte Leistungsfähigkeit. Die Dimension *emotionale Erschöpfung* bildet das Kernsymptom und die zentrale Qualität von Burnout und bezieht sich auf das Gefühl, emotional ausgelaugt zu sein und die eigenen emotionalen Ressourcen verbraucht zu haben. Die emotionale Erschöpfung steht gerade in jüngeren Forschungsarbeiten häufig im Zentrum des Interesses. Allerdings sehen Maslach et al. (2001) die emotionale Erschöpfung als eine notwendige jedoch nicht hinreichende Dimension von Burnout. *Depersonalisation* bzw. *Zynismus* bezieht sich auf eine zunehmend distanzierte und negative Einstellung gegenüber der eigenen Arbeit und den sozialen Interaktionspartnerinnen und -partnern und beinhaltet eine reduzierte Anteilnahme sowie ein geringes Einfühlungsvermögen. Zynismus wird dabei als ein aktiver Versuch verstanden, sich selbst vor stressbedingter Erschöpfung zu schützen und stellt damit eine unmittelbare Reaktion auf Erschöpfung dar. Das dritte Symptom beschreibt die Wahrnehmung einer *reduzierten Leistungsfähigkeit* hinsichtlich der eigenen Arbeit. Die Person fühlt sich ineffizient, hat geringe Erwartungen in ihre Fähigkeiten und ist in zunehmendem Maße den beruflichen Anforderungen nicht mehr gewachsen.

Basierend auf ihrer Definition des Burnout-Konstrukts entwickelten Maslach et al. das Maslach Burnout Inventory (MBI; Maslach, Jackson & Leiter, 1996) zur Messung von emotionaler Erschöpfung, Depersonalisation und reduzierter Leistungsfähigkeit. Seit der Erstpublikation im Jahr 1981 ist das Maslach Burnout Inventory Grundlage der Mehrheit aller internationalen Studien zu Burnout. Das Instrument liegt in verschiedenen Versionen vor und es gibt auch eine deutsche Übersetzung, die speziell für den Einsatz im Bildungskontext verwendet werden kann. Einige Beispielitems sind in Abbildung 2.2 dargestellt.

Wie häufig treffen folgende Aussagen auf Sie zu?							
	0 Nie	1 Ein paar Mal im Jahr oder weniger	2 Einmal im Monat oder weniger	3 Ein paar Mal im Monat	4 Einmal die Woche	5 Ein paar Mal die Woche	6 Jeden Tag
Emotionale Erschöpfung							
Durch meine Arbeit bin ich gefühlsmäßig am Ende.	☐	☐	☐	☐	☐	☐	☐
Am Ende des Schultages fühle ich mich erledigt.	☐	☐	☐	☐	☐	☐	☐
Depersonalisation							
Ich glaube, ich behandle Schüler zum Teil ziemlich unpersönlich.	☐	☐	☐	☐	☐	☐	☐
Seit ich Lehrer bin, bin ich gleichgültiger gegenüber Menschen geworden.	☐	☐	☐	☐	☐	☐	☐
Wahrgenommene reduzierte Leistungsfähigkeit							
Es gelingt mir gut, mich in meine Schüler hineinzuversetzen (–).	☐	☐	☐	☐	☐	☐	☐
Mit den Problemen meiner Schüler kann ich sehr gut umgehen (–).	☐	☐	☐	☐	☐	☐	☐

Anmerkung: Die mit (–) gekennzeichneten Items werden für die Auswertung umkodiert, sodass hohe Werte zu niedrigen werden und umgekehrt.

Abbildung 2.2: Beispielitems zu den Subskalen des MBI (deutsche Übersetzung von Enzmann & Kleiber, 1989)

Auch Schaufeli & Enzmann (1998) haben eine vielzitierte Definition vorgeschlagen, die Burnout als arbeitswissenschaftliches Konstrukt beschreibt:

> *Burnout ist ein dauerhafter negativer arbeitsbezogener Seelenzustand „normaler" Individuen. Er ist in erster Linie von Erschöpfung gekennzeichnet, begleitet von Unruhe und Anspannung, einem Gefühl verringerter Effektivität, gesunkener Motivation und der Entwicklung dysfunktionaler Einstellungen und Verhaltensweisen bei der Arbeit. Diese psychische Verfassung entsteht nach und nach, kann jedoch für die betroffene Person lange unbemerkt bleiben. Sie resultiert aus einer Fehlanpassung von Intentionen und Berufsrealität. Burnout erhält sich wegen ungünstiger Bewältigungsstrategien, die mit dem Syndrom zusammenhängen, oft selbst aufrecht.* (Schaufeli & Enzmann, 1998; zitiert nach Blossfeldt et al., 2014; S. 25f.).

Die Ansätze von Maslach et al. sowie Schaufeli und Enzmann haben gemeinsam, dass sie beide betonen, Burnout sei ein arbeitsbezogenes Phänomen, das Individuen ohne psychische Erkrankung erleben können. Ebenfalls wird in beiden Ansätzen postuliert, dass es sich bei der Entstehung von Burnout um einen längerfristigen Prozess handele.

Wie dieser Prozess aussehen könnte, wurde insbesondere in frühen Arbeiten zu Burnout thematisiert. Es existieren mehrere, auch heute noch vielzitierte Phasen-Modelle, die sich der zeitlichen Abfolge gewidmet haben. Beispielsweise hat Cherniss (1980) ein dreistufiges Modell vorgeschlagen: In der ersten Phase *(stress)* besteht ein überdauerndes Ungleichgewicht zwischen beruflichen Anforderungen und den zur Verfügung stehenden Ressourcen. In der zweiten Phase *(strain)* kommt es zu einer kurzfristigen Ermüdung und Erschöpfung und in der dritten Phase *(defensive coping)* entwickeln sich Veränderungen im Verhalten und der Einstellung, z. B. eine zynische Haltung. Ein zweites Modell, das besonders populärwissenschaftlich große Beachtung fand, wurde von Edelwich und Brodsky (1980) eingeführt. Die Kernannahme des Models ist, dass dem Erschöpfungserleben regelhaft eine Phase mit hohem Idealismus, hohen Erwartungen und ausgeprägtem Engagement vorausgeht. Realisiert eine Person, dass sich ihre Erwartungen nicht erfüllen, resultiert Enttäuschung von den Gegebenheiten der Arbeitswelt. Aus der Enttäuschung heraus folgt eine Phase der Frustration, der subjektiv erlebten Erfolgslosigkeit und schließlich der Erschöpfung.

Wenngleich diese Modelle eine hohe intuitive Plausibilität aufweisen und mit dem Bild „Nur wer entflammt war, kann ausbrennen" veranschaulicht werden, besteht zum heutigen Zeitpunkt nahezu Konsens darüber, dass es einen idealtypischen Verlauf des Burnout-Symptoms nicht gibt. Auch wenn die beschriebenen Phasen im Einzelfall durchaus zutreffend sein können, gibt es dazu keine überzeugende empirische Evidenz (Schaufeli, Leiter & Maslach, 2009). Gleichwohl stimmen verschiedene theoretische Ansätze überein, dass Burnout eine lang anhaltende Reaktion infolge chronischer Belastung am Arbeitsplatz ist (Maslach et al., 2001).

Hat Burnout Krankheitswert im Sinne einer klinischen Diagnose?

Das Thema Burnout wird in der Öffentlichkeit und in der Wissenschaft breit diskutiert. Dabei findet die Diskussion in einem Spannungsfeld zwischen einer arbeitspsychologischen und einer eher klinisch-psychologischen Perspektive statt (vgl. auch DGPPN, 2012). Tatsächlich wird Burnout häufig als klinische Diagnose verstanden, auch wenn dies nach den Definitionen von Maslach et al. sowie Schaufeli und Enzmann nicht intendiert war. Aus Sicht der klinischen Psychologie und Psychiatrie wird betont, dass Burnout aktuell nicht den Stellenwert einer eigenständigen psychischen Erkrankung einnimmt. Dies liegt zum einen an der starken Überschneidung der Symptome mit anderen Erkrankungen wie der Depression (z. B. Erschöpfung, Niedergeschlagenheit, Müdigkeit etc.) und zum anderen an der dem Burnout-Konzept immanenten Annahme zur Ätiologie durch berufliche Faktoren. Aufgrund der bestehenden Symptomatik und den entsprechend notwendigen Hilfeleistungen gibt es in der Internationalen Klassifikation psychischer Störungen (ICD-10) allerdings die Möglichkeit, Burnout als einen Faktor zu beschreiben, der „den Gesundheitszustand beeinflusst und zur Inanspruchnahme von Gesundheitsdiensten führt" (Dilling, 2011). Dazu steht eine Zusatz-Kodierung zur Verfügung (Z73 Probleme verbunden mit Schwierigkeiten bei der Lebensbewältigung), in welcher sich Burnout unter Z73.0, dem Erschöpfungssyndrom, verorten lässt. Die Fachgesellschaft der deutschen Psychiater resümiert, dass Burnout eine existierende, ernstzunehmende Belastungsreaktion darstellt, die, auch wenn nicht als eigenständige Krankheit anerkannt, das Risiko für weitere Störungen erhöht und einer Prävention und Intervention auch im beruflichen Kontext bedarf. Burnout wird zudem oftmals eine gewisse Türöffner-Funktion zugeschrieben, da das wenig stigmatisierte Bild von Burnout betroffenen Personen ermöglicht, über ihre Symptome zu sprechen.

Hervorzuheben ist, dass Burnout als ein soziales Problem erkannt wurde und sich als Thema in der wissenschaftlichen Forschung fest etabliert hat. Im Kontext beruflicher Belastung und Beanspruchung wurde Burnout seit den 1990er Jahren eines der bedeutendsten Forschungskonzepte (Schaufeli & Enzmann, 1998). Sicher ist auch, dass – unabhängig von der Diskussion über den Krankheitswert der Symptome – das Erleben der typischen Erschöpfungssymptome einen erstzunehmenden Beratungsanlass darstellt. Daher existieren mittlerweile vielfältige Erkenntnisse auch zu lehrerspezifischen Präventions- und Interventionsmöglichkeiten (vgl. Kapitel 4).

Insgesamt hat sich die Forschung zur Gesundheit im Lehrerberuf stark dem negativen Erleben in Form von Stress und Burnout gewidmet. Dies ist wenig überraschend, denn eine ähnliche Schwerpunktsetzung findet sich auch in der Forschung zu anderen Berufen. Im Sinne des aktuellen Verständnisses von Gesundheit ist eine Berücksichtigung positiver Aspekte jedoch ebenso bedeutsam, sodass wir im Folgenden auch einschlägige Konzepte zum positiven Erleben im beruflichen Kontext einführen werden.

2.1.2 Die positive Seite von Gesundheit: Arbeitszufriedenheit, Engagement und Freude an der Arbeit

Der aktuelle Gesundheitsbegriff beinhaltet explizit auch das subjektive Wohlbefinden einer Person. Aber wie äußert sich Wohlbefinden? Wann und womit fühlen sich Menschen wohl? Diese Fragen haben in der wissenschaftlichen Psychologie eine große Bedeutung und eine lange Tradition. So widmen sich zahlreiche theoretische und empirische Arbeiten der Definition psychischen Wohlbefindens, der Erfassung, den Determinanten und den Konsequenzen des subjektiven Wohlbefindens einer Person (für einen Überblick sei auf Diener, Suh, Lucas & Smith, 1999 verwiesen).

Innerhalb der Forschung zum Wohlbefinden werden verschiedene Ansätze unterschieden. Dem bekannten Ansatz von Ed Diener folgend besteht das subjektive Wohlbefinden aus einer kognitiven Komponente im Sinne der allgemeinen Lebenszufriedenheit und einer affektiven Komponente, die sich auf das Erleben positiver Emotionen bei Abwesenheit negativer Emotionen bezieht (Diener, 1984; Diener et al., 1999). Die allgemeine Lebenszufriedenheit speist sich – einem sogenannten *bottom-up* Ansatz zu Folge – aus dem Erleben und der Bewertung verschiedener Lebensbereiche, bei der die Zufriedenheit mit der Arbeit eine zentrale Bedeutung hat (Diener, 2012). Aus einer weiteren Perspektive wird betont, dass zum subjektiven Wohlbefinden nicht nur Zufriedenheit und positive Gefühle gehören, sondern auch dass eine Person in Kongruenz mit ihren Werten und Überzeugungen agieren und ihre individuellen Fähigkeiten und Neigungen ausleben und entwickeln kann. Demzufolge sind auch Selbstakzeptanz, positive soziale Beziehungen, Autonomieerleben, Lebenssinn und persönliches Wachstum wichtige Bestandteile des subjektiven Wohlbefindens (Ryff & Singer, 1998).

Dem Wohlbefinden spezifisch im Beruf widmet sich die arbeits- und organisationspsychologische Forschung, die viele der oben genannten Ideen aufgegriffen hat (z.B. Hallberg & Schaufeli, 2006). Als zentrale Konstrukte zählen hier die berufliche Zufriedenheit, das Engagement und die Freude am Beruf (Bakker & Oerlemans, 2011; Sonnentag, 2006).

Arbeitszufriedenheit ist als Beispiel für einen positiven Zugang zum beruflichen Erleben das wohl am häufigsten untersuchte Konstrukt in der Arbeits- und Organisationspsychologie und hat seit über 50 Jahren vielfältige Forschungsaktivitäten motiviert (Judge, Thoresen, Bono & Patton, 2001). Die Arbeitszufriedenheit ist nach Weiss (2002) „a positive (or negative) evaluative judgment one makes about one's job or job situation" (S. 175). Arbeitszufriedenheit basiert demnach – wie auch die allgemeine Lebenszufriedenheit – auf einer kognitiven Bewertung einer Situation, hier der Arbeit, vor dem Hintergrund eigener Erwartungen und Ziele. Decken sich die subjektiven Erwartungen eines arbeitenden Individuums an die Arbeit nicht mit den tatsächlichen Arbeitsbedingungen, kann dies zu Arbeitsunzufriedenheit führen. Bei der Erfassung der Arbeitszufriedenheit wird unterschieden zwischen einer Globalbewertungen der beruflichen Situation (z. B. „Insgesamt bin ich mit meiner Arbeit zufrieden", oder „Wenn ich nochmal wählen könnte, würde ich wieder Lehrkraft werden"; vgl. Ho & Au, 2006) und einer differenzierten Bewertung einzelnen Aspekte (z. B. Zufriedenheit mit der Tätigkeit, den Arbeitsbedingungen, dem Kollegium und den Vorgesetzten oder den Entwicklungsmöglichkeiten; vgl. Warr's Job Satisfaction Scale, WJSS; Warr, Cook & Wall, 1979). Die globale Bewertung der eigenen Arbeitszufriedenheit hängt dabei tatsächlich sehr stark mit der allgemeinen Lebenszufriedenheit zusammen. Judge, Locke, Durham und Kluger (1998) fanden eine positive Korrelation von $r=.68$, die zeigt: Je höher die Arbeitszufriedenheit desto höher ist auch die allgemeine Lebenszufriedenheit.

Neben der beruflichen Zufriedenheit wird in jüngerer Zeit das berufliche *Engagement*, auch in Abgrenzung zum Burnout Konzept, als positive, arbeitsbezogene Erlebensqualität thematisiert (Schaufeli, Salanova, González-Romá & Bakker, 2002). Engagement beschreibt „a persistent, positive affective-motivational state of fulfillment" (Maslach et al., 2001, S. 417). Als wesentliche Facetten von Engagement werden Vitalität, Hingabe und Verausgabung genannt. Vitalität beschreibt ein hohes Energieniveau bei der Arbeit und die Bereitschaft, dieses auch bei Schwierigkeiten beizubehalten. Hingabe bezieht sich auf ein Gefühl von Sinnhaftigkeit und Bedeutsamkeit der eigenen Arbeit. Kennzeichnend für die Facette Verausgabungsbereitschaft sind eine hohe Konzentration bei der Arbeit und das Gefühl, dass die Zeit verfliegt. In Abbildung 2.3 sind beispielhaft Items dargestellt, die zur Erfassung der drei genannten Facetten dienen. Zentrale Indikatoren für berufliches Engagement sind insgesamt eine hohe Bereitschaft, sich persönlich zu involvieren, Energie und Zeit zu investieren und die berufliche Tätigkeit als sinnhaft zu erleben. Ein Modell zur Erklärung der Bedingungen und Prozesse, die zu Engagement führen, stellen wir in Abschnitt 2.2.3 vor.

Unter beruflichem *Enthusiasmus* von Lehrkräften versteht man die Freude, die mit ihrer beruflichen Tätigkeit verbunden ist. Enthusiasmus „reflects the degree of enjoyment, excitement, and pleasure that teachers typically experience in their professional activities" (Kunter et al., 2008, S. 470). Der Enthusiasmus stellt eine weitere positive Erlebensqualität mit hohen Überschneidungen zum Konzept des beruflichen Engagements dar. Im Unterschied zum Engagement bezieht sich das

Konzept des beruflichen Enthusiasmus jedoch explizit auf den Lehrerberuf und wurde an dessen Besonderheiten angepasst (Frenzel, Goetz, Lüdtke, Pekrun & Sutton, 2009; Kunter, Frenzel, Nagy, Baumert & Pekrun, 2011). So wurden zwei Subfacetten des Enthusiasmus theoretisch postuliert und empirisch bestätigt: Fach- und Unterrichtsenthusiasmus. Während sich Fachenthusiasmus auf das zu unterrichtende Fach und die damit verbundene Freude bezieht (z. B. „Ich selbst bin immer noch vom Fach Mathematik begeistert"), kann der Unterrichtsenthusiasmus als Freude an der Arbeit und an der Interaktion mit den Schülerinnen und Schülern unabhängig vom zu unterrichtenden Fach verstanden werden (z. B. „Mir macht Unterrichten große Freude"). Diese beiden Aspekte müssen nicht gleichzeitig in einer Person vorhanden sein.

Wie häufig treffen folgende Aussagen auf Sie zu?							
	0 Nie	1 Ein paar Mal im Jahr oder weniger	2 Einmal im Monat oder weniger	3 Ein paar Mal im Monat	4 Einmal die Woche	5 Ein paar Mal die Woche	6 Jeden Tag
Vitalität							
Bei meiner Arbeit bin ich voll überschäumender Energie.	☐	☐	☐	☐	☐	☐	☐
Beim Arbeiten fühle ich mich fit und tatkräftig.	☐	☐	☐	☐	☐	☐	☐
Hingabe							
Meine Arbeit ist nützlich und sinnvoll.	☐	☐	☐	☐	☐	☐	☐
Ich bin von meiner Arbeit begeistert.	☐	☐	☐	☐	☐	☐	☐
Verausgabungsbereitschaft							
Während ich arbeite, vergeht die Zeit wie im Fluge.	☐	☐	☐	☐	☐	☐	☐
Während ich arbeite, vergesse ich alles um mich herum.	☐	☐	☐	☐	☐	☐	☐

Abbildung 2.3: Beispielitems der *Utrecht Work Engagement Skala* (Schaufeli & Bakker, 2004a)

Insgesamt lässt sich festhalten, dass die Forschung zur Gesundheit im Lehrerberuf eine Vielzahl von Konzepten umfasst. Um das Wohlbefinden als zentralen Teil der Gesundheit von Lehrkräften zu beschreiben, ist es zu kurz gegriffen, nur nach dem Erleben von Stress und Burnout zu fragen. Zusätzlich kann und sollte sich der Blick auch auf Aspekte der Arbeitszufriedenheit richten, da es durchaus möglich ist, dass trotz eines hohen Stresserlebens und Erschöpfungssymptomen eine grundsätzliche Zufriedenheit mit der beruflichen Tätigkeit besteht und sich die Person beispielsweise für das Unterrichten begeistert. Daraus folgen dann möglicherweise für eine Intervention ganz andere Konsequenzen als bei einer Person, die hohe Erschöpfung, niedrige Zufriedenheit und keine Freude an der beruflichen Tätigkeit verspürt.

> **Zentrale Konstrukte zum Thema Gesundheit**
>
> Gesundheit ist mehr als die Abwesenheit von Krankheit, sondern auch die Anwesenheit positiver Erlebensqualitäten.
>
> **Negative Erlebensqualitäten**
>
> *Stress* (relationale Perspektive): entsteht aus Interaktion zwischen Person und ihrer Umwelt, wobei kognitive Bewertungen potenzieller Stressoren entscheidend für die Effekte auf das Erleben der Person sind
>
> *Belastung:* alle Einflüsse aus der Arbeitsumwelt, die auf eine arbeitende Person und ihr Erleben einwirken – positiv wie negativ
>
> *Beanspruchung:* kurzfristige Reaktionen oder langfristige positive oder negative Folgen von subjektiver Belastung, die sich für arbeitende Person ergeben
>
> *Burnout:* dreidimensionales Syndrom bestehend aus emotionaler Erschöpfung, Depersonalisation/Zynismus und subjektiv wahrgenommener reduzierter Leistungsfähigkeit
>
> **Positive Erlebensqualitäten**
>
> *Arbeitszufriedenheit:* positive (oder negative) Einschätzung der eigenen Arbeit bzw. beruflichen Situation
>
> *Engagement:* anhaltender, positiver affektiv-motivationaler Zustand der Erfüllung bestehend aus den Facetten Vitalität, Hingabe und Verausgabung
>
> *Enthusiasmus:* lehrerspezifisch; Unterscheidung in Freude am zu unterrichtenden Fach (Fachenthusiasmus) und Freude am Unterrichten (Unterrichtsenthusiasmus)

2.2 Zentrale Theorien zur Erklärung (beruflicher) Gesundheit

Theoretische Ansätze zur Erklärung beruflicher Erlebens- und Verhaltensweisen setzen auf zwei unterschiedlichen Ebenen an: zum einen auf der individuellen Ebene und zum anderen auf der Ebene des beruflichen Kontexts. Zum Verständnis beruflichen Wohlbefindens im beruflichen Kontext ist die Berücksichtigung beider Perspektiven wichtig, da sowohl Merkmale der Person als auch Merkmale der beruflichen Umwelt als zentrale Erklärungsvariablen relevant sind. Im Folgenden sollen drei zentrale psychologische Theorien eingeführt werden. Zum ersten, das Transaktionale Stressmodell (Lazarus & Folkman, 1984), welches als theoretischer Hintergrund vieler Forschungsarbeiten dient und dessen Kenntnis auch für die praktische Arbeit mit Lehrkräften von hoher Relevanz ist. Zum zweiten die *Conservation of Resources Theory* (COR-Theorie; Hobfoll, 1989, 2001), welche einen metatheoretischen Ansatz zur Erklärung von Wohlbefinden und Stress aufgrund intraindividueller Prozesse der Ressourcenerhaltung und der Ressourcenerweiterung darstellt. Den dritten zentralen Ansatz bietet das *Job Demands-Resources Model* (JD-R Modell; Bakker & Demerouti, 2007; Demerouti, Bakker, Nachreiner & Schaufeli, 2001), welches sich mit unterstützenden und belastenden organisationalen Merkmalen hinsichtlich beruflicher Beanspruchung beschäftigt. Alle drei Ansätze bieten wichtige, sich ergänzende Vorhersagen zur Rolle persönlicher und institutioneller Merkmale im Kontext beruflichen Wohlbefindens.

2.2.1 Das Transaktionale Stressmodell

Die Grundannahme des Transaktionalen Stressmodells (Lazarus, 1966; Lazarus & Folkman, 1984) ist, dass Stress nicht allein an dem Ausmaß der Bedrohung durch ein objektives äußeres Ereignis festgemacht werden kann (stimulusbasiert) und auch nicht mit der Reaktion auf einen äußeren Reiz gleichzusetzen ist (reaktionsbasiert). Vielmehr war Lazarus der Erste, der postuliert hat, dass objektive, äußere Stressoren nicht bei jeder Person dieselbe Stressreaktion hervorrufen. Damit hat er die Subjektivität des Stresserlebens betont. Die einzelnen Komponenten des Modells und ihr Zusammenspiel sind in Abbildung 2.4 veranschaulicht.

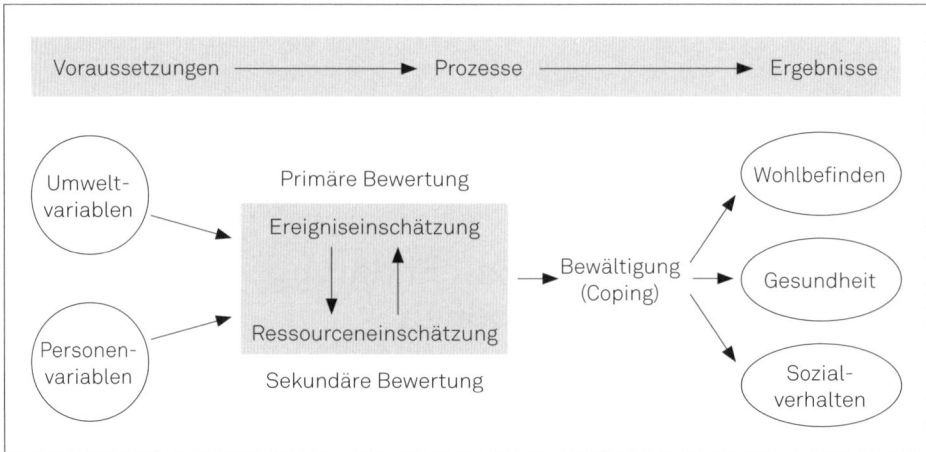

Abbildung 2.4: Transaktionales Stressmodell (aus Schwarzer, 1996)

Im Verlauf des transaktionalen Prozesses werden die äußeren Anforderungen vom Individuum subjektiv bewertet. Diese Bewertungsprozesse des Individuums bilden das Kernstück des Transaktionalen Stressmodells. Durch die individuelle Bewertung lässt sich erklären, weshalb vermeintlich ähnliche situative Bedingungen von verschiedenen Personen als mehr oder weniger stressrelevant erlebt werden können. Dabei unterscheidet Lazarus zwei Aspekte der kognitiven Bewertung, die er als primär und sekundär bezeichnet. Eine zeitliche Abfolge ist – auch wenn die Begriffe dies implizieren – nicht explizit beabsichtigt. Stattdessen treten beide Bewertungsprozesse nahezu parallel auf und beeinflussen sich gegenseitig. Bei der *primären Bewertung* entscheidet eine Person, ob sie ein wahrgenommenes Ereignis für irrelevant, angenehm-positiv oder stressrelevant hält (Ereigniseinschätzung). Dabei kann die subjektive Stressbewertung weiter differenziert werden. Ist das potenziell stressrelevante Ereignis noch vor der Person liegend, so kann dieses als Herausforderung *(challenge)* oder aber als Bedrohung *(threat)* bewertet werden. Ein zurückliegendes stressrelevantes Ereignis kann als Verletzung oder Verlust *(harm/loss)* bewertet werden. Nur wenn eine Situation als stressrelevant eingeschätzt wird, werden Bewältigungsversuche *(coping)* erforderlich, um das eigene Wohlbefindens zu sichern. Während sich die primäre Bewertung hauptsächlich auf die Umwelt bezieht, fokussiert die *sekundäre Bewertung* auf Aspekte der Person und beurteilt, inwieweit in einer bereits als stressrelevant eingeschätzten Situation Bewältigungsmöglichkeiten bestehen, wie groß deren Erfolgswahrscheinlichkeiten sind und wie kompetent man sich fühlt, diese auch einzusetzen (Ressourceneinschätzung). Die individuellen Voraussetzungen, um ein stressrelevantes Ereignis zu bewältigen, können körperliche, psychologische, soziale und materielle Ressourcen sein, z. B. Wachheit und Konzentration, soziale Unterstützung. Persönlichkeitsmerkmale wie die Selbstwirksamkeitserwartung oder auch zur Verfügung stehende Zeit. Die Ressourceneinschätzung hat dabei sowohl Einfluss auf das emotionale Befinden, als auch auf die primäre Bewertung. Fehlen Ressourcen, die für die Bewältigung einer stressrelevanten Situation notwendig sind, dann ist die Person an dieser Stelle besonders vulnerabel. Neben dem Mangel an wünschenswerten Eigenschaften, Fähigkeiten oder materiellen Besitztümern kann auch die Existenz von Risikofaktoren das Stresserleben verstärken. So wird beispielsweise in einer Situation, in der jemand einen Vortrag vor einer Gruppe halten soll, das Stresserleben nicht nur dann höher sein, wenn es ihr/ihm etwa an spezifischem Wissen (Ressource) mangelt, sondern auch, wenn beispielsweise eine ausgeprägte soziale Ängstlichkeit besteht (Risiko).

Im Anschluss an die Einschätzung der Bewältigungsmöglichkeiten vollzieht die betroffene Person Bewältigungshandlungen, das eigentliche *Coping*. Lazarus unterscheidet dabei emotionsfokussierte von problemfokussierter Bewältigung. Erstere bezieht sich auf den Versuch, die eigene Befindlichkeit zu verbessern, beispielsweise durch Gespräche mit guten Freunden, Sport oder andere ablenkende Aktivitäten. Problemfokussiertes Bewältigungsverhalten zielt darauf ab, die Ursachen für ein Problem zu verändern, sich beispielsweise auf eine Prüfung gut vorzubereiten oder zu versuchen einen Konflikt im Kollegium zu lösen. Wie wirksam das Copingverhalten ist, hängt sowohl von Merkmalen der Situation als auch der Person ab. So kann in Bezug auf vergangene, unveränderliche Ereignisse wie einen persönlichen Verlust die emotionsfokussierte Bewältigung durch Gespräche mit Freunden sinnvoll sein, während in Hinblick auf eine wichtige Prüfung im Sinne des Stressmanagements eine gute Planung und Vorbereitung wichtig erscheinen und einem primär emotionsfokussierten Coping perspektivisch überlegen sind.

Dieses Modell, das Stress als transaktionalen Prozess zwischen Person und Umwelt versteht, ist auch in die Forschung zu Lehrkräften vielfach eingegangen (Rudow, 2014). Fast alle späteren Theorien, die sich mit den Anforderungen der Lehrprofession auseinandersetzen, nehmen in der Regel kognitive Bewertungsvorgänge an, die in Abhängigkeit von personalen Ressourcen das Erleben von Stress bestimmen. Häufig wird auch eine langfristige Perspektive einbezogen, die davon ausgeht, dass sich das Stresserleben bei anhaltenden Stressoren und nicht gelingender Bewältigung chronifizieren kann und damit eine wesentliche Grundlage für die Entstehung des Burnout-Syndroms bildet (Vandenberghe & Huberman, 1999).

2.2.2 Stress als Resultat fehlender Ressourcen

Ein ressourcenorientierter Ansatz wurde von Hobfoll (1989, 2001) mit der *Conservation of Resources Theory* (COR-Theorie) vorgestellt, welche auch für das Erleben und Verhalten in beruflichen Kontexten Gültigkeit beansprucht (Hobfoll & Shirom, 1993). Die zentrale Grundannahme der Theorie besagt, dass der Mensch danach strebt, seine Ressourcen sowohl zu schützen und zu erhalten als auch zu erweitern. Ressourcen sind hierbei materielle Werte, psychische Merkmale, wie Selbstwert, Selbstwirksamkeitserwartung oder Wissen, soziale Faktoren wie die berufliche Stellung oder der Familienstand sowie die eigene Zeit.

Psychischer Stress entsteht aus der Perspektive der COR-Theorie dann, wenn (1) Ressourcen drohen verloren zu gehen, (2) Ressourcen tatsächlich verloren wurden oder (3) Ressourcen ohne Gewinn investiert wurden. Diese Annahmen werden durch zwei Zusätze ergänzt. Zum ersten wird die dominante Wirkung eines Ressourcenverlusts postuliert, welchem eine stärkere Wirkung auf das Stresserleben zugeschrieben wird als dem gegenläufigen Effekt eines Ressourcenzuwachses. Das heißt, am stärksten wird psychischer Stress induziert, wenn ein angedrohter oder tatsächlicher Verlust von Ressourcen erlebt wird. So ist die Bedrohung der beruflichen Stellung oder des Selbstwerts äußerst belastend und hat einen stärkeren Effekt auf das Stresserleben als ein Gewinn derselben Ressourcen. Zum zweiten wird postuliert, dass für die Aufrechterhaltung, den

Schutz und ein potenzielles Wachstum der Ressourcen deren Investition eine notwendige Bedingung darstellt. Das heißt beispielsweise, dass nur Personen, die auch Zeit und Energie in ihre berufliche Tätigkeit investieren, einen potenziellen Ressourcenzuwachs in Form von Selbstwirksamkeitserwartung oder neuen Fähigkeiten erleben können.

Bezogen auf das Erleben im Arbeitskontext betont Hobfoll (2001), dass der chronische Verlust von Ressourcen, aber insbesondere ein Ausbleiben von Ressourcengewinn nach einer bedeutsamen Investition von Ressourcen, z. B. von Zeit und Energie, die Hauptursachen von Stress und Burnout darstellen. Das Erleben von emotionaler Erschöpfung und verminderter Leistungsfähigkeit wird hier als das Ergebnis einer Ressourcenverlustspirale angesehen. Gerade für Personen, die mit einem geringen Ressourcenpool ausgestattet sind, ist die Gefahr groß, durch die Investition ihrer Ressourcen keine Gewinne zu erzielen. Aber auch ungünstige Arbeitsbedingungen und zu hohe Anforderungen stellen umweltseitige Prädiktoren für den schleichenden Prozess eines Ressourcenverlusts dar, der Stresserleben und längerfristig Burnout auf Seiten der Person bewirkt.

2.2.3 Berufliche Anforderungen und Ressourcen

Ein heuristisches Modell zur Beschreibung und Untersuchung von Merkmalen der arbeitsbezogenen Umwelt und ihrem Effekt auf das individuelle Erleben und Verhalten wurde mit dem so genannten *Job Demands-Resources Model* (JD-R) bzw. Anforderungs-Ressourcen-Modell (Bakker & Demerouti, 2007; Demerouti et al., 2001) vorgelegt. Während das bekannte Transaktionale Stressmodell und die Theorie der Ressourcenerhaltung bei der Erklärung gesundheitsrelevanten Erlebens ihren Fokus auf individuelle Prozesse gelegt haben, vertritt das JD-R Modell einen organisationspsychologischen Ansatz und stellt die Merkmale der Arbeit in den Mittelpunkt. Wichtige erklärungsrelevante Aspekte werden hier insbesondere in der Beschaffenheit des beruflichen Umfelds, der Gestaltung der Arbeitsaufgabe und den beruflichen Anforderungen gesehen. Dieses Modell ist insbesondere deswegen so interessant, weil es sowohl die Erschöpfung als auch das berufliche Engagement, die ansonsten meist getrennt voneinander untersucht werden, gemeinsam berücksichtigt. Das Modell stellt somit eine Integration der vorher dargestellten Differenzierung in positive und negative Erlebensqualitäten dar.

Das JD-R Modell klassifiziert – unabhängig von der konkreten beruflichen Tätigkeit und dem spezifischen Kontext – die Merkmale des beruflichen Kontextes in Anforderungen und Ressourcen. Unter Anforderungen (*job demands*) werden diejenigen physischen, psychischen, sozialen oder organisationalen Aspekte der Arbeitswelt verstanden, die andauernde physische und psychische Anstrengung und Energie verlangen, was für das Individuum wiederum mit bestimmten physischen oder psychischen Kosten verbunden ist. Unter arbeitsbezogenen Ressourcen *(job resources)* werden hingegen diejenigen physischen, psychischen, sozialen oder organisationalen Aspekte des Arbeitskontextes verstanden, die entweder förderlich sind für die Erreichung bestimmter Arbeitsziele, dazu beitragen, die mit den Arbeitsanforderungen einhergehenden personenseitigen Kosten zu reduzieren oder förderlich sind für die persönliche Entwicklung und das persönliche Wachstum.

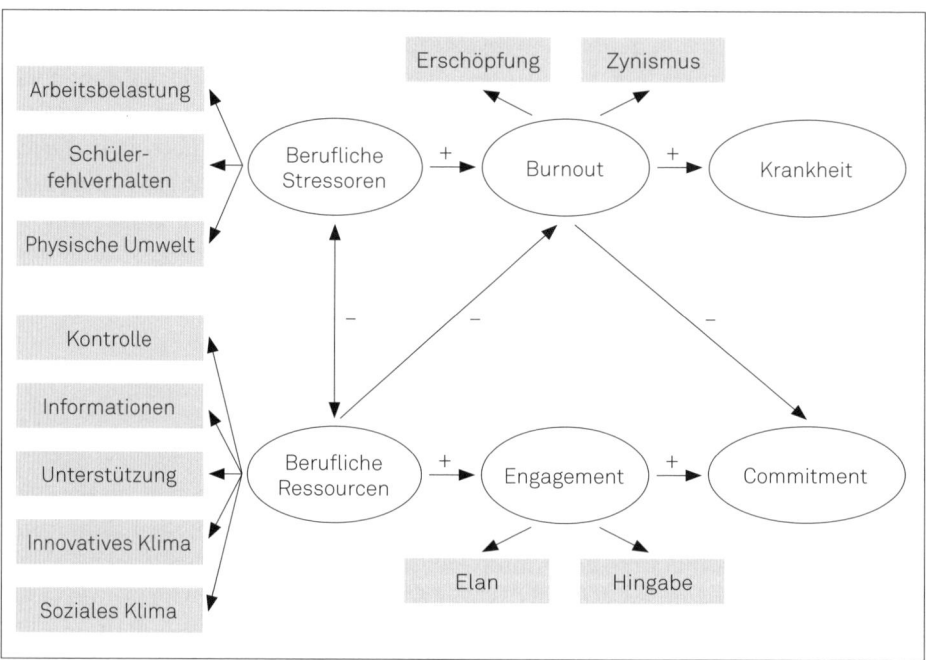

Abbildung 2.5: Das *Job-Demands Resources* Modell angewendet auf Lehrkräfte (Hakanen, Bakker & Schaufeli, 2006)

Die Wirkweise der umweltseitigen Anforderungen und Ressourcen wird innerhalb des JD-R Modells als dualer Prozess konzeptualisiert (Abbildung 2.5). Demzufolge führen erstens die umweltseitigen Anforderungen und die mit ihnen verbundenen psychischen und physischen Kosten längerfristig zu den klassischen Erschöpfungssymptomen von Burnout. Der zweite psychologische Prozess ist eher motivationaler Natur und bezeichnet den Effekt der umweltseitigen Ressourcen auf arbeitsbezogenes Engagement und Motivation (Schaufeli & Bakker, 2004b). Im Arbeitskontext verfügbare Ressourcen erhöhen entweder über ihr intrinsisches (unterstützen persönliches Wachstum und Entwicklung) oder extrinsisches (instrumentell für das Erreichen von Arbeitszielen) Motivationspotenzial die Bereitschaft, persönliche Fähigkeiten und Energie in die Arbeit zu investieren. Neben der dualen Prozesshypothese integriert das Modell einen Puffer-Effekt der Ressourcen. Das bedeutet zum ersten, dass Ressourcen den Effekt der Anforderungen auf das Erleben von Erschöpfung vermindern können. Zum Zweiten sollte die

Bedeutung der Ressourcen für das Engagement insbesondere bei hohen Anforderungen der Arbeitsumwelt deutlich werden (Bakker, Hakanen, Demerouti & Xanthopoulou, 2007).

In einer aktuellen Erweiterung des JD-R Modells werden zusätzlich zu den umweltseitigen Ressourcen auch die persönlichen Ressourcen des Individuums integriert (Bakker, Demerouti & Sanz-Vergel, 2014). Als personale Ressourcen werden dabei positive Selbsteinschätzungen wie Selbstwirksamkeit verstanden, die insbesondere sowohl für das Engagement als auch für die emotionale Erschöpfung relevant sind.

Das Modell wurde empirisch an verschiedenen Berufsgruppen, auch an Lehrkräften, getestet und bestätigt (Hakanen, Bakker & Schaufeli, 2006). Trotz berufsspezifischer Modifikationen sind die am häufigsten untersuchten Arbeitsanforderungen quantitative und qualitative Arbeitsbelastung, Zeitdruck, ungünstige physische Bedingungen der Arbeit und Schwierigkeiten in sozialen Interaktionen, die sich bei Lehrkräften insbesondere auf Schülerinnen und Schüler beziehen. Demgegenüber stehen auf Seiten der Ressourcen des Arbeitskontextes die soziale Unterstützung von Kolleginnen, Kollegen und Vorgesetzten, das Einbringen der eigenen Fähigkeiten, Kontrollwahrnehmung, Leistungsrückmeldungen, Entscheidungsbeteiligung und das Erleben von Autonomie (Bakker & Demerouti, 2007).

Zusammenfassend betrachtet liegt der Schwerpunkt des JD-R Modells auf der Spezifikation arbeitsbezogener Ressourcen und Anforderungen und kann als kontextbezogenes Ordnungssystem von Umweltmerkmalen verstanden werden. Dabei integriert das Modell auf Seiten der zu erklärenden personenseitigen Reaktionen positive und negative Aspekte des emotionalen und motivationalen Erlebens im Arbeitskontext. Durch die abstrakte berufsunspezifische Modellierung von Anforderungen und Ressourcen erlaubt das Modell dabei berufsspezifische Merkmale zu integrieren und zu implementieren.

Zentrale Theorien zur Erklärung von Gesundheit

Transaktionales Stressmodell (Lazarus & Folkman, 1984)

Ereignisse und Situationen aus der Umwelt werden mittels zweier Bewertungsprozesse beurteilt

Primäre Bewertung: Einschätzung der Umweltvariablen als irrelevant, angenehm-positiv oder stressrelevant (Herausforderung, Bedrohung, Verlust)

Sekundäre Bewertung: Beurteilung von Bewältigungsmöglichkeiten für stressrelevante Ereignisse bzw. Situationen

Coping: emotionsfokussiert (eigene Emotionen regulieren) oder problemfokussiert (Ursachen für Problem verändern)

Conservation of Resources Theory (Hobfoll, 2001)

Psychischer Stress entsteht wenn (a) Ressourcenverlust droht, (b) Ressourcen verloren wurden oder (c) Ressourcen ohne Gewinn investiert wurden

Stresserleben stärker durch Ressourcenverlust (+) als durch Ressourcengewinn (−) bedingt

Ressourceninvestition notwendig für Aufrechterhaltung, Schutz und potenziellen Gewinn von Ressourcen

Job Demands-Resources Model (Bakker & Demerouti, 2007)

Burnout und Engagement durch berufliche Anforderungen und Ressourcen bedingt

Zwei grundlegende Prozesse:

Gesundheitsbeeinträchtigender Prozess: hohe berufliche Anforderungen resultieren in höherer Erschöpfung

Motivationaler Prozess: hohe berufliche Ressourcen führen zu höherem Engagement

3 Aktuelle Forschungsbefunde zur Gesundheit im Lehrerberuf

In den letzten Jahren haben sich viele empirische Forschungsarbeiten mit der Gesundheit von Lehrerinnen und Lehrern beschäftigt. Insbesondere die Arbeits- und Organisations-, die Klinische sowie die Pädagogische Psychologie, aber auch die Erziehungswissenschaft haben die Ursachen und Konsequenzen von beruflichem Wohlbefinden, Stress und Burnout im Lehrerberuf untersucht. Die resultierenden empirischen Ergebnisse sind nicht nur von theoretischer, sondern auch von großer praktischer Relevanz. Sie bilden wichtige Grundlagen für die Aus- und Fortbildung von Lehrkräften, Schulleiterinnen und Schulleitern sowie Schulpsychologinnen und -psychologen und können einige weit verbreitete Mythen über die Berufsgruppe der Lehrkräfte widerlegen.

Das folgende Kapitel soll eine Übersicht über aktuelle Forschungsbefunde zu vier zentralen Fragen bereitstellen:
1. Was wissen wir über die Gesundheit der Berufsgruppe der Lehrkräfte?
2. Welche Konsequenzen hat das Wohlbefinden für das berufliche Handeln von Lehrkräften?
3. Welche Faktoren beeinflussen das berufliche Wohlbefinden von Lehrkräften?
4. Welche Effekte zeigen Interventions- und Trainingsmaßnahmen zur Förderung der Gesundheit von Lehrkräften?

Die ausgewählten Fragen werden auf Basis zentraler empirischer Studien beleuchtet. Dabei kann im Rahmen dieses Kapitels kein Anspruch auf Vollständigkeit bestehen. Stattdessen werden wir theoretisch und/oder empirisch besonders interessante Studien exemplarisch hervorheben, um daran den Erkenntnisstand im Forschungsfeld zu veranschaulichen.

3.1 Gesundheitsstand der Berufsgruppe

Beinahe jede Veröffentlichung zur Gesundheit von Lehrkräften begründet ihre Relevanz mit einer vermeintlich hohen Beanspruchung der Berufsgruppe. Allerdings ist die entsprechende empirische Befundlage – nicht nur aufgrund der verschiedenen Konzepte von Beanspruchung (siehe Kap. 2) – weniger eindeutig und verlangt eine genaue Betrachtung. So gibt es mindestens drei zentrale Kriterien, anhand derer sich empirische Studien unterscheiden lassen. Erstens ist relevant, ob objektive Indikatoren herangezogen werden, wie z. B. Frühpensionierungs- oder Berufswechselquoten oder sogenannte „weiche" Indikatoren wie das subjektive Stresserleben oder die Arbeitszufriedenheit. Zweitens unterscheiden sich die Studien darin, ob absolute oder vergleichende Aussagen über die Berufsgruppe der Lehrkräfte getroffen werden, wobei letzteres eine genaue Betrachtung der Zusammensetzung der Vergleichsgruppe erforderlich macht. Drittens ist es nicht unerheblich, in welchem Land die jeweilige Befragung der Lehrkräfte stattfand, da sich sowohl die Ausbildung als auch die beruflichen Bedingungen der Lehrkräfte stark zwischen Ländern unterscheiden können (Schleicher, 2016).

Sichtet man vor diesem Hintergrund die entsprechenden Arbeiten, fällt auf, dass besonders auf internationaler Ebene betont wird, dass Lehrkräfte eine Risikogruppe für Unzufriedenheit und Stress sind. In diesem Zusammenhang wird sehr häufig ein Bericht der OECD (2005) zitiert, der dokumentiert, dass ein bedeutsamer Prozentsatz von Personen den Lehrerberuf wieder verlässt, was als Hinweis auf Belastungen in der Profession gedeutet wird. Allerdings zeigt sich, dass die Anzahl der Berufsaussteigerinnen bzw. Berufsaussteiger deutlich zwischen verschiedenen Ländern variiert. Während in Ländern wie Italien, Japan und Korea im Jahr unter 3 % der Lehrkräfte den Beruf wieder verlassen, werden für Belgien, England und die USA Werte von über 6 % geschätzt. Für Deutschland liegt die Schätzung zwischen 3 % und 6 %. Dabei sind die sogenannten *attrition rates* nicht für alle Altersgruppen der Lehrkräfte gleich. So berichtet die OECD (2005), dass insgesamt 9 % der Lehrkräfte mit einer Berufserfahrung von einem bis drei Jahren die Profession innerhalb eines Jahres wieder verlassen. Noch aktuellere Zahlen aus den USA haben Gray und Taie (2015) vorgelegt. Auf Basis der *Beginning Teacher Longitudinal Study* (BTLS), einer Längsschnittstudie, die eine Kohorte von Berufsanfänger bzw. Berufsanfängerinnen an öffentlichen Schulen seit dem Schuljahr 2007/2008 begleitet, konnten sie zeigen, dass 17 % der Lehrkräfte den Beruf nach vier Jahren wieder verlassen haben. Schon Ingersoll und Smith (2003) berichteten, dass Berufswechsler bzw. Berufswechslerinnen eine hohe berufliche Unzufriedenheit insbesondere mit ihrem Gehalt (79 %), Schwierigkeiten mit den Schülerinnen und Schülern (34 %) und geringe Unterstützung seitens der Schuladministration (26 %) als Grund für einen Wechsel angeben. Auch Harris und Adams (2007) untersuchten den Zusammenhang zwischen Ausstieg aus dem Beruf und Berufserfahrung. Ebenso wie Gray und Taie (2015) fanden sie einen höheren Anteil an Berufswechseln in den ersten Jahren der Karriere. Die Autoren weisen aber auch darauf hin, dass nicht nur zu Beginn, sondern auch gegen Ende der beruflichen Karriere besonders viele Lehrkräfte den Beruf frühzeitig verlassen.

Die letzten Jahre in der beruflichen Karriere von Lehrkräften wurden in Deutschland lange mit sehr hohen Frühpensionierungsraten in Zusammenhang gebracht.

Diese wurden als objektiver Indikator zur Beschreibung der gesundheitlichen Situation der Lehrkräfte herangezogen. Da ein hoher Anteil der Frühpensionierungen aufgrund psychischer Erkrankungen erfolgte, wurde auf den schlechten Gesundheitszustand der Lehrkräfte in Deutschland geschlossen (Statistisches Bundesamt, 2005; Weber et al., 2004). Allerdings ist die Zahl der Frühpensionierungen seit dem Jahr 2001 stark rückläufig. Lag der Anteil der Lehrkräfte, die aufgrund krankheitsbedingter Dienstunfähigkeit aus dem Beruf ausschieden, im Jahr 2000 bei 64 %, so sind es in den Jahren 2013 und 2014 lediglich noch 13 % bzw. 11 %, was der niedrigste Stand seit Beginn der statistischen Erfassung im Jahr 1993 ist (Statistisches Bundesamt, 2015). Es zeigte sich seit Einführung von Versorgungsabschlägen bei vorzeitiger Pensionierung im Jahr 2001 eine kontinuierliche Abnahme der Dienstunfähigkeit als Grund für den Ruhestandseintritt. Was sagt diese Veränderung über den Gesundheitszustand der in ihrer Karriere weit fortgeschrittenen Lehrkräfte? Sind sie gesünder geworden – oder waren sie nie krank? Verbleiben sie aufgrund der Abschläge trotz hoher Beanspruchung im Beruf? Oder fangen Alterszeitmodelle den Wunsch nach beruflicher Entlastung auf? Diese Fragen können – auch wenn es dazu starke Meinungen gibt – nicht eindeutig beantwortet werden. Allerdings zeigen die Zahlen, dass selbst ein vermeintlich „harter" Indikator wie die Anzahl der Dienstunfähigkeiten keine eindeutige Auskunft über den Gesundheitszustand bzw. das Beanspruchungserleben einer Berufsgruppe geben kann.

Zieht man subjektive Indikatoren des beruflichen Erlebens und Verhaltens heran, dann ist international die Studie von Johnson et al. (2005) einschlägig. Die Autoren zogen einen Vergleich mit anderen Berufsgruppen und analysierten die Daten einer britischen Stichprobe von 11.000 Berufstätigen aus 26 Berufen sowohl aus dem öffentlichen als auch aus dem privaten Sektor. Sie verglichen das subjektive Stresserleben von Lehrerinnen und Lehrern mit den entsprechenden Angaben der anderen Berufsgruppen. Auf Basis eines mehrdimensionalen Instruments zur Erfassung des subjektiven Stresserlebens zeigte sich, dass Lehrkräfte im Mittel das geringste physische und psychische Wohlbefinden sowie unterdurchschnittliche Werte in der Berufszufriedenheit berichteten. Ähnlich schlecht schnitten nur Beschäftigte im Sanitäts- und sozialen Pflegedienst ab. Somit ähneln die subjektiven Angaben der britischen Lehrpersonen den Befunden mit objektiven Indikatoren für die USA.

Zur Frage des subjektiven Wohlbefindens von Lehrkräften im Vergleich zu anderen Berufsgruppen gibt es für Deutschland aktuell besonders zwei interessante Studien. Von Lehr (2014) wurden Daten einer repräsentativen Befragung zu körperlichen und psychischen Beschwerden von 20.000 Erwerbstätigen ausgewertet, die vom Bundesinstitut für Berufsbildung und der Bundesanstalt für Arbeitsschutz und Arbeitsmedizin durchgeführt wurde. Die Ergebnisse der Vergleiche zwischen Lehrkräften und dem Durchschnitt der Erwerbstätigen zeigten, dass Lehrkräfte stärker unter allgemeiner Müdigkeit, Nervosität und Reizbarkeit, emotionaler Erschöpfung, Schlafstörungen und Kopfschmerzen litten. Diese Symptome treten häufig auch im Rahmen einer depressiven Störung auf. Geringere Werte hatten Lehrkräfte allerdings im Bereich physischer Beschwerden wie Rücken- oder Knieschmerzen. Eine Re-Analyse der Daten ergab, dass die psychische Erschöpfung der Lehrerinnen und Lehrer zwar insgesamt höher war als für die anderen Berufsgruppen, aber auf einem Niveau mit anderen sozialen Berufen lag. Somit ist eine berufsbedingte psychische Belastung nicht als alleinige Besonderheit des Lehrerberufs zu verstehen (Cramer, Merk & Wesselborg, 2014).

Schult, Münzer-Schrobildgen und Sparfeldt (2014) untersuchten mit Daten des Sozio-Ökonomischen Panels (SOEP) die Frage, ob Lehrkräfte sich hinsichtlich der Arbeitszufriedenheit, der beruflichen Anerkennung und erlebtem Zeitdruck von ausgewählten anderen Berufsgruppen (Erzieherinnen und Erzieher, Krankenpflegerinnen und Krankenpfleger, Verwaltungsbedienstete im gehobenen Dienst, Ärztinnen und Ärzte sowie Ingenieurinnen und Ingenieure) unterscheiden. Es zeigte sich, dass Lehrkräfte auf einer Skala von 0 = *ganz und gar unzufrieden* bis 10 = *ganz und gar zufrieden* im Mittel einen Wert von 7,4 erreichten. Damit waren sie ähnlich zufrieden wie Ärztinnen bzw. Ärzte, Ingenieurinnen bzw. Ingenieure und Erzieherinnen bzw. Erzieher und berichteten eine höhere berufliche Zufriedenheit als Verwaltungsangestellte und Krankenpflegerinnen bzw. Krankenpfleger. Die wahrgenommene berufliche Anerkennung war bei allen untersuchten Berufsgruppen ähnlich ausgeprägt, mit Ausnahme der Verwaltungsangestellten, die einen geringeren Wert berichteten. Auch die angegebene Belastung durch Zeitdruck fiel bei Lehrkräften relativ gering aus: Ingenieurinnen und Ingenieure, Ärztinnen und Ärzte sowie das Pflegepersonal berichteten von höherem Zeitdruck. Erzieherinnen und Erzieher erlebten hingegen weniger Zeitdruck als Lehrkräfte.

Es lässt sich festhalten, dass die vermeintlich einfache Frage, wie es um die Gesundheit der Lehrkräfte bestellt ist, nicht eindeutig für „alle" Lehrkräfte über alle Länder hinweg beantworten lässt. Internationale Studien zeigen sowohl hinsichtlich „harter" Indikatoren (hohe Abbruchquoten in den ersten Berufsjahren) als auch des subjektiven Erlebens der Lehrkräfte eine hohe Beanspruchung. Für Deutschland lässt sich festhalten, dass sich die dramatisch hohen Zahlen der Frühpensionierung aufgrund von Dienstunfähigkeit über die letzten Jahre relativiert haben. Es gibt Hinweise auf eine höhere psychische Belastung von Lehrkräften, die sich auf einem vergleichbaren Niveau mit anderen sozialen Berufen befindet. Allerdings lässt sich gleichzeitig konstatieren, dass ein Großteil der Lehrkräfte angibt, sehr zufrieden mit der eigenen beruflichen Situation zu sein.

Wenngleich die aktuelle Befundlage zur Beanspruchung von Lehrkräften teilweise weniger dramatische Ergebnisse hervorbringt, als es in der Öffentlichkeit postuliert wird, schmälert dies keineswegs die Relevanz des Arbeits- und Forschungsfeldes. Fast wichtiger als die Bestimmung des mittleren Niveaus der gesamten Berufsgruppe, sind die Hinweise darauf, dass es einen substanziellen Anteil von

Lehrkräften mit Beeinträchtigungen des Wohlbefindens gibt. Die individuellen, sozialen und organisationalen Konsequenzen, die Stress und Burnout haben, sind enorm und verdeutlichen die Relevanz von Forschungsarbeiten und die Initiierung von Präventions- und Interventionsmaßnahmen (vgl. Maslach et al., 2001). Welche Konsequenzen ein im Kontext der Berufstätigkeit erlebtes hohes Stressniveau für das berufliche Verhalten der Lehrkräfte und die Interaktion mit den Schülerinnen und Schülern haben kann, zeigen wir im nächsten Kapitel.

Gesundheit von Lehrkräften

Länderspezifische Unterschiede

International: hohe Abbruchquoten und hohes subjektives Belastungserleben seitens der Lehrkräfte

Deutschland: geringe Abbruchquoten und Rückgang der Frühpensionierung aufgrund von Dienstunfähigkeit

Berufsgruppenvergleiche

Hinweise auf höhere psychische Belastung von Lehrkräften im Vergleich zu anderen Berufen, aber ähnliches Niveau wie andere soziale Berufe

vergleichsweise hohe Berufszufriedenheit

3.2 Berufliches Wohlbefinden und Unterrichtsverhalten

Mittlerweile gibt es Hinweise darauf, dass Stress und Burnout nicht nur negative Konsequenzen für die individuelle psychische und physische Gesundheit haben, sondern auch für das berufliche Handeln der betroffenen Personen. So sind chronischer Stress und Burnout berufsübergreifend mit erhöhten Fehlzeiten, geringerer Produktivität, geringerer Effektivität und eingeschränktem Commitment, d.h. Verbundenheit gegenüber der Organisation assoziiert (Maslach et al., 2001). Die potenziellen negativen Effekte insbesondere von Burnout-Symptomen für das berufliche Handeln von Lehrkräften haben Maslach und Leiter (1999) schon sehr früh in einem theoretischen Modell beschrieben. Demzufolge hat das Beanspruchungserleben der Lehrkraft negativen Konsequenzen für die motivationale und fachliche Entwicklung der Schülerinnen und Schüler. Maslach und Leiter vermuteten als vermittelnden Mechanismus, dass sich eine höhere emotionale Erschöpfung und Depersonalisation (siehe Kapitel 2) in distanziertem und wenig unterstützendem Verhalten gegenüber den Schülerinnen und Schülern sowie in einer weniger engagierten Unterrichtsvorbereitung manifestieren. Vergleichbar argumentieren auch Jennings und Greenberg (2009), die das Wohlbefinden der Lehrkräfte als zentrale Bedingung für eine positive Lehrer-Schüler-Beziehung, ein positives Klassenklima und somit für die sozial-emotionale Entwicklung der Schülerinnen und Schüler postulierten.

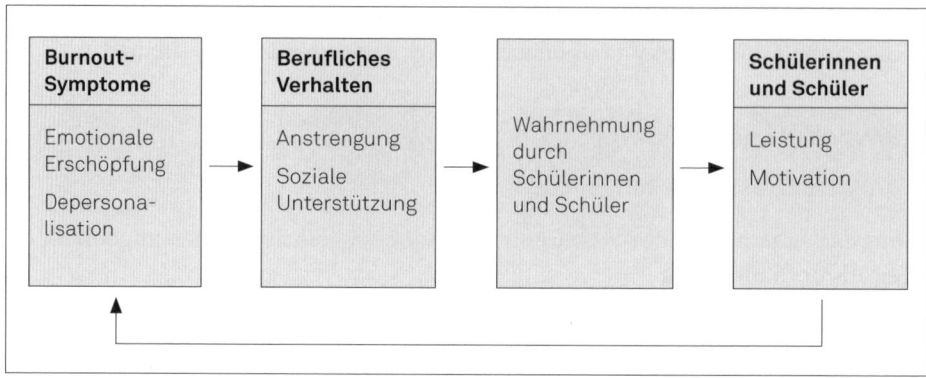

Abbildung 3.1: Modell zu Konsequenzen von Burnout bei Lehrkräften (nach Maslach & Leiter, 1999)

Lange Zeit wurden allerdings die Konsequenzen des beruflichen Wohlbefindens bzw. von Stress und Burnout von Lehrkräften kaum überzeugend untersucht. Es fehlte an Studien, die die Konsequenzen beruflicher Beanspruchung nicht nur auf Basis von Selbstauskünften der Lehrkräfte analysieren. Zu wahrscheinlich sind Verzerrungen bei der Selbsteinschätzung. So wäre es kaum verwunderlich, wenn sich Lehrkräfte mit einer hohen emotionalen Erschöpfung auch in ihrer beruflichen Leistung eher negativ bewerten; schließlich stellt eine verringerte Leistungswahrnehmung neben der emotionalen Erschöpfung ein Symptom von Burnout dar. Es ist daher sinnvoll, andere Datenquellen hinsichtlich des beruflichen Verhaltens und der Leistungsfähigkeit der Lehrkräfte zu verwenden. Bezüglich der kognitiven Leistungsfähigkeit von beanspruchten Lehrkräften konnten Laborstudien auf Basis von objektiven Daten interessante Befunde vorlegen. So wiesen Lehrkräfte, die ein hohes Beanspruchungserleben berichteten, ungünstigere Werte in der Bearbeitungsqualität und Geschwindigkeit von standardisierten berufsunspezifischen Aufgaben am Computer, wie dem Sortieren von Figuren oder dem Navigieren durch ein Labyrinth sowie in neuropsychologischen Tests zum Lern- und Erinnerungsvermögen auf (Feuerhahn, Stamov-Roßnagel, Wolfram, Bellingrath & Kudielka, 2013; Ortner, 2012). Auch wenn diese Studien interessante Ergebnisse liefern, ist es wichtig, auch das Verhalten der Lehrkräfte in ihrem realen beruflichen Kontext zu betrachten.

Eine Annahme des Modells von Maslach und Leiter (1999) ist, dass sich die Beanspruchung der Lehrkräfte ihrem Verhalten in der Klasse manifestiert. Einen ersten Hinweis auf die „Sichtbarkeit" beruflicher Beanspruchung konnte in einer

Feldstudie von Evers, Tomic und Brouwers (2004) erbracht werden. Hier zeigte sich, dass die negativen Erlebensqualitäten der Lehrkraft den Schülerinnen und Schülern nicht verborgen bleiben. In der Studie wurden die Selbstberichte der Lehrkräfte zu ihren Burnout-Symptomen mit der entsprechenden Einschätzung der Schülerinnen und Schüler verglichen. Hinsichtlich der emotionalen Erschöpfung zeigten sich hohe Übereinstimmungen zwischen den Angaben der Lehrkräfte und der Einschätzung aus Schülersicht, während die Ausprägung des Zynismus von den Lehrkräften weniger hoch eingeschätzt wurde als von ihren Schülerinnen und Schülern.

Einen Schritt weiter gingen Klusmann, Kunter, Trautwein und Baumert (2006) und Klusmann, Kunter, Trautwein, Lüdtke und Baumert (2008a), die den Zusammenhang zwischen beruflicher Beanspruchung und dem tatsächlichen Unterrichtverhalten von Lehrkräften untersuchten. Es zeigte sich, dass auch aus der Perspektive der Schülerinnen und Schüler Unterschiede im Unterrichtsverhalten sichtbar wurden, die systematisch mit dem Grad der Beanspruchung variierten. Schülerinnen und Schüler, die von sehr beanspruchten Lehrkräften unterrichtet wurden, berichteten weniger in ihrer kognitiven Selbstständigkeit gefördert zu werden, ein unangemessen hohes Interaktionstempo sowie weniger konstruktive Unterstützung seitens der Lehrkraft. Während es sich hierbei um korrelative Zusammenhänge handelt, die wenig Rückschlüsse über die kausale Richtung liefern, konnten Shen et al. (2015) in einer Längsschnittstudie über ein Schuljahr zeigen, dass die zentralen Symptome von Burnout, emotionaler Erschöpfung und Depersonalisation, einen negativen Effekt auf die Unterrichtseinschätzung und die Motivation der Schülerinnen und Schüler hatten. Je höher die Lehrkräfte ihre Burnout-Symptome zu Beginn des Schuljahres beschrieben, desto niedriger schätzten die Schülerinnen und Schülern die Unterstützung durch die Lehrkraft und die eigene Motivation am Ende des Schuljahres ein. Auch für positive Aspekte des Wohlbefindens, nämlich den von den Lehrkräften erlebten Enthusiasmus, konnten empirisch Zusammenhänge mit dem motivationalen Erleben der Schülerinnen und Schüler gezeigt werden (Frenzel, Goetz, Lüdtke, Pekrun & Sutton, 2009; Keller et al., 2014; Kunter et al., 2013). So fanden Keller et al. (2014), dass der Enthusiasmus der Lehrkraft von den Schülerinnen und Schülern wahrgenommen wurde und sich in ihrem Interesse für das Fach widerspiegelte. Zu ähnlichen Ergebnissen kamen Kunter et al. (2013), die zeigten, dass sich die Freude am Unterrichten in der fachspezifischen Motivation der Schülerinnen und Schüler manifestierte (siehe auch Frenzel et al., 2009).

Auch für die schulische Leistung der Schülerinnen und Schüler und ihren Zusammenhang zum Beanspruchungserleben der Lehrkräfte liegen mittlerweile erste Ergebnisse vor. So konnten Klusmann et al. (2016) auf Basis der Daten des IQB Ländervergleichs 2011 in der Primarstufe zeigen, dass Schülerinnen und Schüler, die von Lehrkräften mit höherer emotionaler Erschöpfung unterrichtet wurden, eine im Vergleich geringere mittlere Mathematikleistung zeigten (siehe auch Arens & Morin, 2016). Dieser Zusammenhang erhöhte sich noch in Klassen, die einen höheren Anteil an Kindern mit sprachbezogenen Risikofaktoren aufwiesen. Es wird in der Studie zwar auf das Problem der nicht eindeutigen Kausalität verwiesen, die Befunde stimmen allerdings mit einer Längsschnittstudie von McLean & McDonald Connor (2015) überein. Die Autoren konnten ebenfalls für Primarstufenlehrkräfte zeigen, dass ein erhöhtes Ausmaß an Depressivität der Lehrkräfte mit einer niedrigeren Unterrichtsqualität einherging und die Leistungsentwicklung der Schülerinnen und Schüler im Längsschnitt negativ vorhersagte.

Insgesamt lässt sich festhalten, dass die Befunde zu den Konsequenzen für das berufliche Handeln noch einmal die Bedeutsamkeit des Themas Wohlbefinden und Gesundheit im Lehrerberuf unterstreichen. So weisen die Studien allesamt darauf hin, dass das Erleben der Lehrkräfte in einem engen Zusammenhang mit ihrem Verhalten im Unterricht und der Entwicklung der Schülerinnen und Schülern steht.

Konsequenzen von hoher Beanspruchung bei Lehrkräften

- Beanspruchung der Lehrkraft wird durch Schülerinnen und Schüler wahrgenommen
- Unterrichtsqualität: geringere Unterstützung, geringere Förderung kognitiver Selbstständigkeit und zu hohes Interaktionstempo
- geringere Motivation und Leistung der Schülerinnen und Schüler

3.3 Ursachen von Wohlbefinden und Gesundheit

Auf der Suche nach den Ursachen für die positiven wie auch negativen Facetten der Gesundheit im Lehrerberuf orientiert sich die Forschung überwiegend an den in Kapitel 2 vorgestellten Modellen. Entsprechend der zentralen Rolle von Ressourcen und Stressoren in den theoretischen Modellen, haben viele empirische Arbeiten versucht, die spezifische Ressourcen und Stressoren des Lehrerberufs zu identifizieren. Als Ressourcen können positive Eigenschaften und Fähigkeiten der jeweiligen Person oder unterstützende Faktoren der Umwelt fungieren, während Stressoren negative oder hindernde Merkmale der Person oder der Umwelt darstellen. Im Folgenden wollen wir aktuelle Befunde aus der Forschung zu den folgenden Fragen vorstellen: (a) Welche persönlichen Voraussetzungen bringen Lehrkräfte mit und stimmt es, dass sich möglicherweise Personen mit für das Stresserleben ungünstigen Eigenschaften für den Beruf entscheiden? (b) Welche Merkmale der Person haben einen Einfluss auf das berufliche Wohlbefinden? Sind es eher stabile Persönlichkeitsmerkmale oder auch erlernbare

Kompetenzen? (c) Welche Rolle spielt die berufliche Tätigkeit? Was wissen wir über typische Stressoren und Ressourcen der beruflichen Umwelt von Lehrkräften?

3.3.1 Berufswahl und potenzielle Selektionseffekte

In öffentlichen Diskussionen über den Berufsstand der Lehrkräfte wird häufig die Annahme formuliert, dass sich Personen mit bereits ungünstigen kognitiven und psychosozialen Merkmalen für diesen Beruf entscheiden, d. h., dass es schon durch die Berufswahl zu gewissen Selektionseffekten hinsichtlich von persönlichen Ressourcen und Stressoren kommt. Dabei wird argumentiert, dass die Persönlichkeitsmerkmale, die Lehrkräfte mit in die Lehrerausbildung bringen, bedeutsam für das Wohlbefinden im späteren Beruf sind (vgl. Mayr, 2014) und sich angehende Lehrkräfte bereits in der Ausbildung verglichen mit anderen Studierenden durch ein geringes Wohlbefinden und emotionale Instabilität kennzeichnen ließen (Römer, Drews, Rauin & Fabricius, 2013). Zusätzlich wird vermutet, dass möglicherweise auch Personen mit geringeren kognitiven Fähigkeiten ein Lehramtsstudium anstelle des entsprechend (reinen) Fachstudiums wählen und dass externe Anreize wie die Sicherheit des Berufs und die längeren Ferienzeiten für die Wahl entscheidender sind als die Freude und das Interesse an der pädagogischen Arbeit. Die These von einer negativen Selektion bei Lehrkräften hat in der öffentlichen Wahrnehmung große Popularität (Blömeke, 2005), obwohl die wenigen belastbaren Studien in eine andere Richtung weisen.

Die Arbeiten von Klusmann et al. (2009) und Roloff Henoch et al. (2015) untersuchten die Annahme von vermeintlichen Selektionseffekten anhand einer repräsentativen Abiturientenstichprobe. Dazu wurden die persönlichen Voraussetzungen in Form von kognitiven Fähigkeiten, beruflichen Interessen und der Persönlichkeit von zukünftigen Lehramtsstudierenden mit denen von Studierenden anderer Fachrichtungen verglichen. Das Besondere an der Anlage der Studie ist, dass die Merkmale bereits zum Zeitpunkt des Abiturs erfasst wurden und so studiengangspezifische Sozialisationseffekte ausgeschlossen werden können. Die Ergebnisse zeigten, dass zukünftige Lehrkräfte zum Ende ihrer eigenen Schulzeit keine schlechteren Leistungswerte in ihrer Abiturgesamtnote sowie in einem kognitiven Fähigkeitstest aufwiesen als Studierende anderer Fachrichtungen. Dieser Befund blieb auch stabil, wenn man die Fachrichtung (im Sinne von MINT-Fächern vs. keine MINT-Fächer) berücksichtigte und die Lehramtsstudierenden mit den reinen Fachstudierenden verglich. Auch hinsichtlich der Persönlichkeitswerte fanden sich keine ungünstigeren Werte bei den Lehramtsstudierenden. Die Befunde widersprechen eindeutig der These, dass angehende Lehrkräfte erhöhte Werte im Neurotizismus, d. h. eine erhöhte emotionale Instabilität, aufweisen, welcher einen bekannten Risikofaktor für das Erleben von Stress und Burnout darstellt (vgl. Maslach, Schaufeli & Leiter, 2001). Zusätzlich wurde deutlich, dass insbesondere ein erhöhtes soziales Interesse der angehenden Lehrkräfte ausschlaggebend für die Wahl eines Lehramtsstudiums ist.

Die Motive und Interessen von angehenden Lehrkräften sind deshalb relevant, weil eine hohe Passung zwischen den beruflichen Interessen und der beruflichen Umwelt ein guter Prädiktor für berufliche Zufriedenheit darstellt. Die Mehrheit der empirischen Befunde weist darauf hin, dass der Umgang mit Kindern und Jugendlichen, das fachliche Interesse sowie der gesellschaftliche Beitrag Hauptmotive für die Entscheidung für den Lehrerberuf sind. Aspekte wie die Länge der Schulferien, der Beamtenstatus, das Gehalt oder ein geringer Schwierigkeitsgrad des Lehramtsstudiums wurden als nachrangig angeführt (Pohlmann & Möller, 2010 Watt & Richardson, 2007). Es zeigte sich, dass bei den zukünftigen Primarstufenlehrkräften das pädagogische Interesse und die Freude am Umgang mit Kindern und Jugendlichen besonders stark ausgeprägt waren, während bei den Sekundarschullehrkräften das fachlich-inhaltliche Interesse stärker war (Retelsdorf & Möller, 2012).

Zusammenfassend lässt sich festhalten, dass angehende Lehrkräfte im Mittel wünschenswerte kognitive Fähigkeiten und psychosoziale Merkmale in das Studium mitbringen. Somit kann man auf Basis der vorliegenden Befunde der These negativer Selektionseffekte als Begründung für ein höheres Beanspruchungserleben im Lehrerberuf widersprechen. Dies bedeutet allerdings nicht, dass die Persönlichkeit und Fähigkeiten einer Person nicht relevant für das berufliche Wohlbefinden wären. Es heißt nur, dass angehende Lehrkräfte keine ungünstigeren Eigenschaften mitbringen als andere Studien- und Berufsgruppen. Welche Befunde es zum Zusammenhang zwischen persönlichen Merkmalen und Fähigkeiten der Lehrkräfte und ihrem beruflichen Wohlbefinden gibt, zeigen wir im nächsten Abschnitt.

3.3.2 Individuelle Eigenschaften und Fähigkeiten

Individuelle Merkmale einer Person haben einen entscheidenden Einfluss darauf, ob es angesichts beruflicher Anforderungen und Stressoren zu negativen Beanspruchungsreaktionen und Stresserleben kommt (Lazarus & Folkman, 1984; Maslach et al., 2001). Es gibt dabei Risikofaktoren, die das Stresserleben verstärken, aber auch schützende Faktoren, die den Umgang mit Stressoren erleichtern bzw. dazu führen, dass die Anforderungen gar nicht als Stressoren wahrgenommen werden (siehe Kapitel 2). Insbesondere die Kenntnis potenziell schützender Merkmale und Fähigkeiten, die erlern- und veränderbar sind, ist von hoher Relevanz. Erst so ist es möglich, die entsprechenden Merkmale und Fähigkeiten gezielt in der Aus- und Weiterbildung sowie in Präventionsprogrammen zu berücksichtigen. Vor dem Hintergrund des transaktionalen Stressmodells und den Ergebnissen berufsübergreifender Forschung (vgl. Swider & Zimmerman, 2010) wurden in den letzten Jahren vor allem allgemeine und berufsbezogene Persönlichkeitsmerkmale sowie in jüngster Zeit auch erlernbare Aspekte der professionellen Kompetenz von Lehrkräften in Zusammenhang mit beruflicher Beanspruchung untersucht.

Allgemeine und berufsbezogene Personenmerkmale

Die Persönlichkeit im Sinne von Eigenschaften (oder *Traits*) einer Person bestimmt maßgeblich, zu welcher Reaktion eine Person in bestimmten Situationen tendiert (vgl. Asendorpf, 2004). Eine Situation kann einfach strukturiert sein, z. B. eine bestimmte Aufgabe vorrechnen, oder komplex, z. B. einen Konflikt zwischen mehreren Schülerinnen und Schülern lösen. Die Eigenschaften einer Person erklären, warum sie in ähnlichen Situationen ähnliche Verhaltenstendenzen zeigt. Zur Beschreibung der Persönlichkeit haben sich fünf breite Faktoren (= *Big Five*) in der Forschung etabliert, denen jeweils verschiedene Eigenschaften untergeordnet sind (Costa & McCrae, 1992). Diese fünf Faktoren sind Neurotizismus (Nervosität, Ängstlichkeit und Erregbarkeit), Extraversion (Geselligkeit, Nicht-Schüchternheit, Aktivität), Verträglichkeit (Wärme, Hilfsbereitschaft, Toleranz), Gewissenhaftigkeit (Ordentlichkeit, Beharrlichkeit, Zuverlässigkeit) und Offenheit für Erfahrungen (Kreativität, Gefühl für Kunst). Die bisherige Forschung hat gezeigt, dass insbesondere Neurotizismus positiv mit dem Erleben beruflicher Beanspruchung und einer geringeren Berufszufriedenheit assoziiert ist. Dieser Befund gilt sowohl für Lehrkräfte als auch für viele andere Berufsgruppen. Personen, die über sich sagen, dass sie generell dazu tendieren ängstlich oder nervös zu werden, reizbar sind und negative Gefühle entwickeln, berichten signifikant mehr beruflichen Stress und ein geringeres Ausmaß an Berufszufriedenheit. Personen, die sich hingegen als emotional stabil, also auf dem Gegenpol von Neurotizismus beschreiben, berichten auch signifikant weniger beruflichen Stress und eine höhere Berufszufriedenheit (vgl. Cramer & Binder, 2015; Klusmann, Kunter, Voss & Baumert, 2012). Für die anderen Merkmale sind die Befunde nicht ganz so eindeutig wie für Neurotizismus. Allerdings zeigte eine systematische Übersichtsarbeit von Cramer und Binder (2015), dass 13 von 21 Studien einen signifikanten negativen Zusammenhang zwischen Extraversion und beruflicher Beanspruchung fanden. Lehrkräfte, die sich als geselliger und durchsetzungsfähiger beschreiben, berichteten gleichzeitig auch weniger berufliches Beanspruchungserleben. Auch für Gewissenhaftigkeit und Verträglichkeit zeigte die Hälfte der betrachteten Studien eine „stressverringernde" Beziehung mit der beruflichen Beanspruchung auf; die anderen Studien fanden keine signifikanten Zusammenhänge. Insgesamt weisen diese Befunde darauf hin, dass – wie in den theoretischen Modellen postuliert – die Eigenschaften einer Person äußerst relevant dafür sind, wie Belastungen wahrgenommen und bewertet, welche Bewältigungsversuche unternommen werden und wie ausgeprägt das berufliche Wohlbefinden einer Person ist.

Die allgemeinen Persönlichkeitsmerkmale haben allerdings in ihrem Erklärungswert für das Wohlbefinden im Lehrerberuf einen Nachteil: Merkmale wie Neurotizismus oder Extraversion sind für das Wohlbefinden in vielen Berufen und Lebensbereichen von Bedeutung (Hurtz & Donovan, 2000). Oder anders gesagt, Personen mit höherem Neurotizismus erleben nicht nur im Lehrerberuf ein erhöhtes Stresserleben, sondern mit hoher Wahrscheinlichkeit auch in anderen Berufen und Lebensbereichen. Die Frage nach spezifischen Schutz- und Risikofaktoren für die Berufsgruppe der Lehrkräfte kann somit nicht beantwortet werden. Dies kann eher gelingen, wenn man sich auf die Rolle berufsspezifischer Merkmale bei der Bewältigung beruflicher Anforderungen konzentriert (Lazarus, 1991).

Als ein wichtiges berufsspezifisches Merkmal wurde bei Lehrkräften die Selbstwirksamkeitserwartung identifiziert (Bandura, 1997). Unter beruflicher Selbstwirksamkeit wird die Erwartung einer Person verstanden, auch in schwierigen beruflichen Situationen eine Handlung erfolgreich ausführen zu können. Tabelle 3.1 enthält einige Beispielitems zur Erfassung der beruflichen Selbstwirksamkeitserwartung für Lehrkräfte (Schwarzer & Jerusalem, 1999).

Tabelle 3.1: Beispielitems zur Erfassung der beruflichen Selbstwirksamkeitserwartung für Lehrkräfte (Schwarzer & Jerusalem, 1999)

	Stimmt nicht	Stimmt kaum	Stimmt eher	Stimmt genau
Ich weiß, dass ich es schaffe, selbst den problematischsten Schüler(inne)n den prüfungsrelevanten Stoff zu vermitteln.				
Ich traue mir zu, die Schüler(innen) für neue Projekte zu begeistern.				
Selbst wenn mein Unterricht gestört wird, bin ich mir sicher, die notwendige Gelassenheit bewahren zu können.				
Ich weiß, dass ich zu den Eltern guten Kontakt halten kann, selbst in schwierigen Situationen.				

Verschiedene Studien haben gezeigt, dass Lehrkräfte, die grundsätzlich davon überzeugt sind, auch schwierige berufliche Situationen erfolgreich bewältigen zu können, auch eine geringere Beanspruchung erleben als Lehrkräfte, die eher Zweifel an ihren Fähigkeiten haben. Lehrkräfte mit einer optimistischen Erwartungshaltung bewerten berufliche Anforderungen positiver und erleben demzufolge weniger negative, stressrelevante Emotionen als Lehrkräfte mit einer niedrigeren Selbstwirksamkeitserwartung. Es konnte gezeigt werden, dass eine hohe Selbstwirksamkeitserwartung auch zu erfolgreicheren Bewältigungsstrategien wie aktivem Problemlösen oder der Suche nach sozialer Unterstützung führt (Chan, 2002; Dicke et al., 2014; Klassen & Chiu, 2011).

Neben der berufsbezogenen Selbstwirksamkeitserwartung wurde von der Arbeitsgruppe um Schaarschmidt ein mittlerweile im deutschsprachigen Raum sehr prominenter Ansatz zur Beschreibung und Erklärung beruflichen Erlebens von Lehrkräften vorgeschlagen (Schaarschmidt & Fischer, 1996). Die Autoren haben postuliert, dass das Zusammenspiel aus beruflichem Engagement, Widerstandsfähigkeit und Emotionen relevant für das Erleben beruflichen Wohlbefindens ist. Berufliches Engagement wird dabei als die Bereitschaft verstanden, Anstrengung und Energie in die Arbeit zu investieren. Die Widerstandsfähigkeit beschreibt das Ausmaß, indem es Personen gelingt, sich auch von der Arbeit zu distanzieren und mit Misserfolgen umzugehen. Die berufsbegleitenden Emotionen werden als das Erleben von Erfolg, Zufriedenheit und sozialer Unterstützung verstanden.

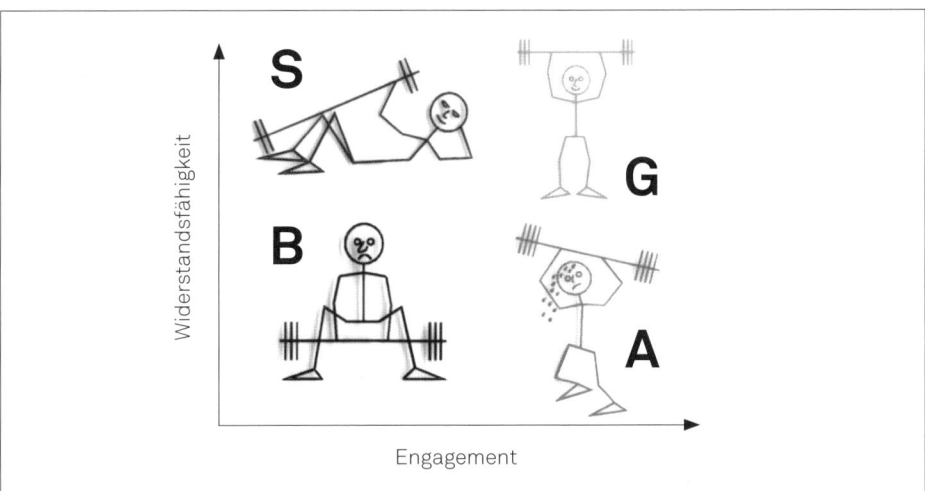

Abbildung 3.2: Musterarbeitsbezogenen Verhaltens und Erlebens (angelehnt an Schaarschmidt & Fischer, 2001)

Auf Grundlage dieser Merkmale wurden vier Typen vorgeschlagen: Der sogenannte *Gesundheitstyp* (Typ G) ist gekennzeichnet durch ein hohes Engagement bei gleichzeitig hoher Widerstandsfähigkeit und positiven Emotionen. Der *Schontyp* (Typ S) lässt sich durch ein niedriges Engagement, eine hohe Widerstandsfähigkeit und ebenfalls positive Emotionen charakterisieren. Die beiden anderen

Muster werden als Risikotypen für das Erleben von negativer Beanspruchung gesehen: Der *Risikotyp A* (Typ A) zeichnet sich durch ein hohes Engagement, niedrige Widerstandsfähigkeit und negative Emotionen aus. Der *Risikotyp B* (Typ B) zeigt ein niedriges Engagement, eine niedrige Widerstandsfähigkeit und negative Emotionen. Die berufliche Widerstandsfähigkeit lässt sich als Strategie der Ressourcenerhaltung, das Engagement als Ressourceninvestment interpretieren (siehe *Conservation of Resource Theorie* in Kapitel 2). Beide Strategien sind entscheidend, um Stresserleben zu verhindern. Lehrkräfte, welche sowohl eine Ressourceninvestition als auch eine ressourcenerhaltende Strategie in ihrem beruflichen Kontext verwirklichen (Gesundheitstyp) sollten demzufolge auch das höchste berufliche Wohlbefinden aufweisen.

Mittlerweile konnte in zahlreichen Studien das Muster der vier Typen repliziert werden und die Annahmen hinsichtlich des beruflichen Wohlbefindens bestätigt werden (siehe für einen Überblick Rothland & Klusmann, 2012). Lehrkräfte, die dem Gesundheitstyp zuzuordnen sind, weisen eine höhere Berufszufriedenheit und weniger berufliche Beanspruchung auf als Lehrkräfte, die einem der beiden Risikotypen zugeordnet werden können. Lehrkräfte des Schontyps stellen in gesundheitlicher Hinsicht keine Risikogruppe dar, was vermutlich auf ihre ausgeprägte Fähigkeit, sich von Berufsbelangen distanzieren zu können, zurückgeführt werden kann. Allerdings erreichen sie auch nicht die beruflichen Zufriedenheitswerte wie der Gesundheitstyp.

Während die bisher vorgestellten Merkmale eher dem motivational-emotionalen Bereich zugeordnet werden können (Selbstwirksamkeitserwartung, Engagement, Widerstandsfähigkeit), soll im nächsten Schritt der Frage nachgegangen werden, inwieweit auch kognitive Merkmale der Lehrkräfte im Sinne ihres professionellen Wissens und Könnens eine Rolle für das berufliche Wohlbefinden spielen.

Mehr Wissen = weniger Stress?

Welche Rolle das tatsächliche Wissen und Können im Zusammenhang mit dem beruflichen Wohlbefinden spielt, wurde in den letzten Jahren im Zuge der Forschung zur Professionellen Kompetenz von Lehrkräften untersucht (Baumert & Kunter, 2006). Ausgangspunkt hierfür ist das von Baumert und Kunter (2006) vorgeschlagene Modell zur Professionellen Kompetenz von Lehrkräften. Das Modell beschreibt die personenseitigen Voraussetzungen zur erfolgreichen Bewältigung der beruflichen Anforderungen und integriert neben der Unterrichtsgestaltung auch die Bewältigung beruflicher Belastungen als Kriterium erfolgreichen Lehrerhandelns. Als Aspekte der professionellen Kompetenz werden das Professionswissen von Lehrkräften mit jeweils fachlichen, fachdidaktischen und pädagogisch-psychologischen Anteilen sowie auch die Motivation und die berufliche Selbstregulation postuliert (vgl. für eine komplette Beschreibung des Modells, Baumert & Kunter, 2011).

Mittlerweile haben erste Arbeiten den Zusammenhang zwischen dem Professionswissen von Lehrkräften und dem beruflichen Wohlbefinden untersucht. Dabei wurde angenommen, dass fachlich und fachdidaktisch sehr kompetente Lehrkräfte weniger Stress erleben sollten, weil ihnen mehr fachliche Handlungsoptionen und Erklärungsmöglichkeiten bei der Vorbereitung und Durchführung von Unterricht zur Verfügung stehen. Die bisherigen Befunde weisen allerdings in eine andere Richtung: Es zeigte sich in zwei Studien mit Mathematiklehrkräften im Beruf sowie mit Mathematiklehrkräften im Vorbereitungsdienst kein Zusammenhang zwischen deren fachdidaktischen und fachlichen Wissen einerseits und emotionaler Erschöpfung und Berufszufriedenheit andererseits. Die Befunde sind auch deshalb interessant, weil die fachliche Expertise erstmals mit objektiven Tests statt einer Selbsteinschätzung der Lehrkraft erhoben wurde (Klusmann, 2011; Klusmann et al., 2012).

Das Professionswissen von Lehrkräften beinhaltet neben fachlichem und fachdidaktischem auch pädagogisch-psychologisches Wissen über fachunspezifische Lernprozesse, kognitive, motivationale und emotionale Merkmale der Schülerinnen und Schüler, Lernmethoden sowie die Klassenführung (siehe für einen Überblick Voss, Kunina-Habenicht, Hoehne & Kunter, 2015). Lehrkräfte mit einem höheren pädagogisch-psychologischen Wissen sind tendenziell besser in der Lage, ihre Klasse störungsarm und reibungslos zu führen und die Schülerinnen und Schüler konstruktiv und zielführend beim Lernen zu unterstützen (Voss, Kunter, Seiz, Hoehne & Baumert, 2014). In verschiedenen aktuellen Arbeiten zeigte sich aber noch ein interessanter Effekt des pädagogisch-psychologischen Wissens: Lehrkräfte mit einem höheren pädagogisch-psychologischen Wissen, erfasst über Testverfahren, zeigten auch ein höheres berufliches Wohlbefinden im Sinne von weniger Erschöpfung und mehr beruflicher Zufriedenheit (Dicke, Parker, et al., 2015; Klusmann et al., 2012; Lauermann & König, 2016). Beispielsweise zeigten Lauermann & König (2016) in einer Studie mit über 100 Lehrkräften, dass Lehrkräfte, die in einem 20-minütigen Test mehr pädagogisch-psychologisches Wissen zeigten, sich gleichzeitig als weniger erschöpft und zynisch beschrieben. Interessanterweise wurde der Zusammenhang zum Teil über die berufliche Selbstwirksamkeitserwartung vermittelt. Ein höheres Wissen hing mit einer höheren Selbstwirksamkeitserwartung zusammen und diese wiederum mit weniger Erschöpfung. Auch erste Befunde aus Trainingsstudien weisen auf die Relevanz des pädagogisch-psychologischen Wissens hin: Lehrkräfte beim Berufseinstieg berichteten weniger Beanspruchung, nachdem sie ein Training zur Klassenführung absolviert hatten (Dicke, Elling, et al., 2015).

Insgesamt unterstreicht die bisherige Forschung, dass individuelle Merkmale einer Lehrkraft wie ihre allgemeinen Persönlichkeitseigenschaften, ihre Selbstwirksamkeitserwartung, ihr Engagement, ihre Widerstandsfähigkeit sowie ihr pädagogisch-psychologisches Wissen wichtige Ressourcen zur Bewältigung beruflicher Anforderungen darstellen. Für den Lehrerberuf gilt, dass eine hohe Erwartung daran, auch schwierige Situationen meistern zu können, wichtig ist. Ebenfalls bedeutsam ist es, die Balance zu finden zwischen beruflichem Engagement und der Fähigkeit, sich auch von beruflichen Belangen distanzieren zu könne. Neue Arbeiten betonen darüber hinaus die Bedeutung des pädagogisch-psychologischen Wissens von Lehrkräften für ihr Wohlbefinden. Zusammenhänge zwischen der fachlichen oder fachdidaktischen Expertise und beruflichem Beanspruchungserleben zeigten sich hingegen bislang nicht.

3.3.3 Schulischer Kontext und berufliche Anforderungen

Das Berufsbild der Lehrkräfte lässt sich durch spezifische Tätigkeiten beschreiben und findet in einem bestimmten schulischen Umfeld statt, das mehr oder weniger unterstützend für die Lehrkräfte sein kann. Für Lehrkräfte liegen verschiedene Tätigkeitsbeschreibungen vor, die das Unterrichten, die Vor- und Nachbereitung des Unterrichts, Erziehungs- und Beratungsaufgaben, die Zusammenarbeit im Kollegium, die Beteiligung an Schulentwicklungsprozessen und die Weiterentwicklung der eigenen Kompetenz als zentrale Aufgaben formulieren (vgl. KMK, 2004; Standards für die Lehrerbildung). Diese Tätigkeiten finden dabei in einem Umfeld statt, das sich hinsichtlich vieler Merkmale (Schulklima, Schülerschaft, Kollegium, Organisation, pädagogisches Konzept, etc.) unterscheiden kann. Entsprechend der theoretischen Modelle aus Kapitel 2 führt die Suche nach den Bedingungen für berufliches Wohlbefinden auch zu belastenden und/oder unterstützenden Merkmalen des schulischen Umfelds, der Gestaltung der Arbeitsaufgabe und den Anforderungen der beruflichen Tätigkeiten.

Die meisten Arbeiten, die versucht haben, umweltseitige Belastungsfaktoren zu identifizieren, haben Lehrkräften lange Listen mit potenziellen Belastungsfaktoren vorgelegt und diese danach beurteilen lassen, wie gestresst sich die Lehrkräfte durch die jeweiligen Merkmale fühlen. Im Ergebnis sind unzählige Listen von Merkmalen entstanden, die aus der Sicht der Lehrkräfte Stressoren oder auch Ressourcen darstellen (siehe für einen Überblick Krause & Dorsemagen, 2014). Es ist im Rahmen dieses Buches schwer möglich, einen erschöpfenden und kompletten Überblick über die Forschung in dem Feld zu geben. Daher versuchen wir, zentrale Befunde gebündelt dazustellen.

Beanspruchende Aspekte des Lehrerberufs

In den Ranglisten der subjektiven Belastungsfaktoren spielen Aspekte, die mit der sozialen Natur des Lehrerberufs einhergehen, eine große Rolle. Problematisches Verhalten der Schülerinnen und Schüler, wie Zuspätkommen, gar nicht zum Unterricht erscheinen, Störungen des Unterrichts (umherlaufen, dazwischen reden, laut sein), mangelnde Beteiligung und Beschäftigung mit unterrichtsfremden Dingen, sowie Konflikte zwischen Schülerinnen und Schülern werden von Lehrkräften am häufigsten als stressrelevant genannt (vgl. Chang, 2009). Lehrkräfte, die sich besonders durch das Verhalten ihrer Schülerinnen und Schüler gestresst fühlen, weisen dabei auch unter Berücksichtigung schulischer und externer Faktoren auf allen Burnout-Dimensionen ungünstigere Werte auf (McCormick & Barnett, 2011). In dieselbe Richtung weisen auch weitere Studien, die Zusammenhänge zwischen von Lehrkräften beschriebenen problematischen Schülerverhalten und negativen Emotionen der Lehrkräfte, wie weniger Freude und Zufriedenheit mit dem Beruf fanden (Bakker, Hakanen, Demerouti & Xanthopoulou, 2007; Dicke et al., 2014; Frenzel, Goetz, Stephens & Jacob, 2009; Hagenauer, Hascher & Volet, 2015; Klusmann, Kunter, Trautwein, Lüdtke & Baumert, 2008b). In einer Meta-Analyse fassen Aloe et al. (2014) die Ergebnisse von 19 Studien zum Zusammenhang von problematischem Schülerverhalten und Wohlbefinden der Lehrkräfte zusammen. Die Studie zeigte eine mittlere Korrelation von $r=.42$ für problematisches Schülerverhalten und emotionaler Erschöpfung und kleinere, aber ebenfalls signifikante Assoziationen mit Zynismus und reduzierter Leistungsfähigkeit der Lehrkräfte. Dieser Zusammenhang war an weiterführenden Schulen höher als an Grundschulen.

Auch wenn es viele Studien gibt, die auf einen engen Zusammenhang von Schülerverhalten und reduziertem Wohlbefinden der Lehrkräfte hinweisen, ist es wichtig zu betonen, dass die meisten Studien auf einmaligen Befragungen der Lehrkräfte selbst basieren, und somit keine Rückschlüsse auf die Kausalität zulassen. So kann nicht ausgeschlossen werden, dass Lehrkräfte mit einem geringeren Wohlbefinden auch das Verhalten ihrer Schülerinnen und Schüler möglicherweise negativer wahrnehmen und bewerten als Lehrkräfte mit einem höheren Wohlbefinden.

Dass die Interaktion mit den Schülerinnen und Schülern im Unterricht mit einer Vielzahl von positiven und negativen Emotionen einhergeht, konnten Frenzel, Becker-Kurz, Pekrun & Goetz (2015) in einer interessanten Studie zeigen. Dabei verwendeten sie Daten aus zwei Tagebuchstudien, in denen über 100 Lehrkräfte über 14 Tage direkt nach ihrem Unterricht einen Kurzfragebogen zu ihrer Freude, ihrem Ärger und ihrer Angst ausfüllten. Die Ergebnisse des emotionalen Erlebens über etwa zwanzig Unterrichtseinheiten zeigten, dass die Lehrkräfte nach 95 % der Unterrichtsstunden Freude berichteten, aber auch in 44 % Ärger und in 20 % Angst. Es zeigte sich auch, dass besonders Freude und Ärger von dem jeweils unterrichteten Fach und der jeweiligen Lerngruppe abhingen. Diese Studie zeigt eindrucksvoll, dass das Unterrichten eine berufliche Tätigkeit darstellt, die unmittelbar von positiven und negativen Emotionen begleitet wird. Der Umgang mit den negativen Gefühlen sowie die Auffassung, die eigenen Gefühle wie z. B. Ärger unterdrücken zu müssen wird dabei von vielen Lehrkräften als zusätzliche Belastung erlebt (Krause, Philipp, Bader & Schüpbach, 2008). Die Studie von Frenzel et al.

(2015) zeigte auch, dass das emotionale Erleben der Lehrkräfte bedeutsam zwischen unterschiedlichen Klassen und Fächern variierte. Hinsichtlich der Frage, welche Merkmale der Klassen hier relevant sein können, gibt es erste Ergebnisse, dass beispielsweise eine hohe Anzahl von Schülerinnen und Schülern in der Klasse mit mehr negativen Emotionen der Lehrkräfte einhergehen (Frenzel & Götz, 2007). Eine hohe Anzahl von Schülerinnen und Schülern wiederum kann mit einer erhöhten Lärmbelastung einhergehen, welche vielfach als objektiv erfassbarer Belastungsfaktor gezeigt hat. Über die Interaktion mit den Schülerinnen und Schülern sind es Konflikte mit Kolleginnen und Kollegen, der Schulleitung und den Eltern, die Lehrkräfte als belastende Merkmale beschrieben (Krause & Dorsemagen, 2014; Nübling, Wirtz, Neuner & Krause, 2008).

Jenseits der sozialen Interaktion mit Schülerinnen und Schülern sowie dem Kollegium werden quantitative Merkmale der beruflichen Tätigkeit wie ein hohes Arbeitspensum, Zeitdruck und geringe Pausenzeiten häufig als Stressoren von Lehrkräften genannt (Hakanen et al., 2006; Kyriacou, 2001; Lee & Ashforth, 1996; Schaufeli & Bakker, 2004b). Lehrkräfte haben neben dem tatsächlichen Unterrichten die Vor- und Nachbereitung, Korrekturen, Beratungs- und Schulentwicklungsaufgaben zu übernehmen. Es konnte gezeigt werden, dass Lehrkräfte 40 % ihrer Gesamtarbeitszeit auf das Unterrichten verwendeten und im Mittel etwa 60 % mit außerunterrichtlichen Tätigkeiten verbrachten (Philipp und Kunter, 2013). Allerdings gibt es auch Studien, die trotz der hohen quantitativen Belastung nur einen geringen Zusammenhang zwischen der quantitativen Arbeitszeit und der Beanspruchung der Lehrkräfte fanden (siehe Dorsemagen, Lacroix & Krause, 2013).

Neben den vielfältigen sozialen Interaktionen, die eher als die qualitativen Belastungen beschrieben werden können, und den quantitativen zeitlichen Faktoren spielen auch strukturelle Merkmale des Arbeitskontextes eine Rolle, wenn es um das berufliche Wohlbefinden geht. So sind typische Merkmale, die von Lehrkräften als belastend berichtet werden eine schlechte räumliche Ausstattung, fehlende Arbeitsplätze, Unzufriedenheit mit organisatorischen Abläufen (z. B. Erstellung des Stundenplans, Vertretungsstunden, Organisation von Sitzungen) sowie fehlende Lehr- und Lernmittel (Krause & Dorsemagen, 2014; Kyriacou, 2001).

Ressourcen im Lehrerberuf

Diesen potenziellen Belastungsfaktoren stehen – in Anlehnung an verschiedene theoretische Modelle wie dem *Job Demands-Resources Model* (JD-R; Bakker & Demerouti, 2007; Demerouti et al., 2001) – Merkmale gegenüber, die das Beanspruchungserleben reduzieren und das Engagement und die Freude an der beruflichen Tätigkeit erhöhen können. Als eine *Ressource,* die durch die berufliche Tätigkeit und die schulischen Bedingungen gegeben sein kann, werden positive Interaktionen mit den Schülerinnen und Schülern bezeichnet (Blase, 1986). So konnte

Hargreaves (2000) anhand von Interviews mit Grund- und Sekundarschullehrkräften demonstrieren, dass eine positive Beziehung zu den Schülerinnen und Schülern die größte Quelle von Freude und Motivation an der Arbeit darstellte. Dies galt sowohl für Lehrkräfte im Grund- als auch im Sekundarschulbereich, wenngleich die Beziehungen zu den Schülerinnen und Schülern als noch intensiver im Grundschulbereich beschrieben wurden. In eine ähnliche Richtung weisen die Befunde von Klassen, Perry & Frenzel (2012), die in drei Studien die Bedeutung der sozialen Verbundenheit der Lehrkräfte mit ihren Schülerinnen und Schülern für das Engagement und die Freude am Beruf zeigen konnten.

Das Kollegium und die Schulleitung können auch eine bedeutsame Ressource für Lehrkräfte darstellen. Lehrkräfte, die sich von ihrem Kollegium emotional und instrumentell unterstützt fühlen, berichten deutlich mehr Freude an ihrer Arbeit und weniger Stresserleben als Lehrkräfte, die sich nicht gut eingebunden fühlen. Auch die Unterstützung durch die Schulleitung, ein wertschätzender Umgang und pädagogischer Konsens scheinen wichtige Ressourcen für Lehrkräfte darzustellen (Rothland, 2013). Ebenfalls als Ressourcen nahmen Lehrkräfte Fortbildungs- und Entwicklungsmöglichkeiten, Partizipation, Entscheidungs- und Handlungsspielräume wahr (Krause & Dorsemagen, 2014). Diese Faktoren (Kollaboration, Entscheidungsspielraum, schulische Innovationen) wurden von Malinen & Savolainen (2016) unter der Bezeichnung Schulklima zusammengefasst. In einer Längsschnittstudie konnten sie zeigen, dass das wahrgenommene Schulklima die Zufriedenheit mit dem Beruf ein Jahr später vorhersagen konnte.

> **Erfassung von Ressourcen und Stressoren der schulischen Umwelt**
>
> Um potenzielle Ressourcen und Stressoren der schulischen Umwelt systematisch erfassen zu können, liegen mittlerweile verschiedene Fragebogenverfahren vor (vgl. auch Rothland & Klusmann, 2012): der Fragebogen zur Arbeitssituation an Schulen (FASS; Nübling, Wirtz, Neuner & Krause, 2008), der im Kontext der Potsdamer Lehrerstudie entwickelte Fragebogen ABC-L (Arbeitsbewertungs-Check für Lehrerinnen und Lehrer; Kieschke, 2007) und der von Altenstein (2010) vorgelegte Fragebogen zur Erfassung schulischer Qualitätsmerkmale zum Erhalt und zur Förderung der Lehrergesundheit (FESQ).

Trotz der vielfältigen Forschungsaktivitäten zur Rolle der Tätigkeits- und Umweltmerkmale wurde in der empirischen Forschung selten die Möglichkeit genutzt, ganze Kollegien zu befragen und miteinander zu vergleichen. In jeder Schule befindet sich ein Kollegium von Lehrkräften, das eine gemeinsame Umwelt teilt. Dies macht es möglich, sich das berufliche Wohlbefinden nicht nur einzelner Lehrkräfte, sondern eines ganzen Kollegiums zu betrachten (Caprara, Barbaranelli, Borgogni & Steca, 2003). Zwei Arbeiten haben untersucht, inwieweit sich Kollegien, die eine schulische Umwelt teilen, sich auch hinsichtlich ihres beruflichen Wohlbefindens ähnlich sind (Klusmann et al., 2008b; McCormick, Barnett, 2011). Interessanterweise zeigen beide Arbeiten, dass sich Schulen zwar in ihren Kontextmerkmalen unterschieden (Merkmale der Schulleitung, des Kollegiums und der Schülerschaft), aber die Variation im Erleben von emotionaler Erschöpfung und Engagement zwischen den jeweiligen Schulen minimal war, d.h. der Hauptanteil der Unterschiede im Befinden lag innerhalb der Schulen. Dieser Befund unterstreicht, wie in den theoretischen Modellen beschrieben, die Bedeutung individueller Prozesse für das Erleben von Beanspruchung.

Unter der Lupe: Das tägliche berufliche Erleben von Lehrkräften

Viele der bisherigen Studien zu Ressourcen und Stressoren sind allerdings – wenn man sie kritisch betrachtet wenig alltagsnah gestaltet. Das liegt daran, dass die teilnehmenden Lehrkräfte überwiegend zu einem Zeitpunkt zur ihrer gesamten beruflichen Situation und gleichzeitig zu ihrem beruflichen Wohlbefinden befragt werden. Sie werden dann beispielsweise gebeten ihr generelles Verhältnis zu Kollegium, Schulleitung und Schülerschaft zu bewerten. Ein solches Vorgehen berücksichtigt nicht, dass sich insbesondere die sozialen Interaktionspartner nicht immer stabil verhalten. Eine alltagsnähere Möglichkeit bieten die mittlerweile häufig verwendeten Tagebuchstudien, in denen Personen über einen längeren Zeitraum einmal oder mehrmals täglich ihr berufliches Erleben beschreiben (siehe auch Bolger, Davis und Rafaeli, 2003).

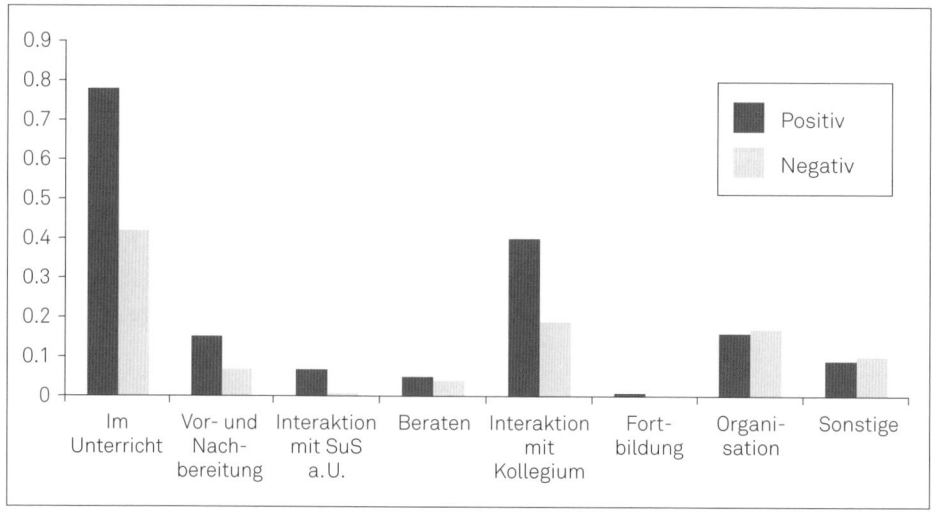

Abbildung 3.3: Relative Häufigkeiten (Absolute Häufigkeit/Anzahl teilgenommener Tage) von positiven und negativen Ereignissen in den Tätigkeitsbereichen von Lehrkräften (Schmidt et al., 2017)

Die Möglichkeiten einer Tagebuchstudie wurde von Schmidt et al. (2017) genutzt, die das positive *und* negative Erleben über die verschiedenen Tätigkeitsbereiche von Lehrkräften untersucht haben (siehe Abbildung 3.3). Ausgangspunkt war die Überlegung, dass einmalige Befragungen zur Stressrelevanz bestimmter Tätigkeitsbereiche nicht alltagsnah das Erleben von Lehrkräften widerspiegeln. Auf Basis einer 14-tägigen Tagebuchstudie konnten mehrere interessante Ergebnisse gezeigt werden. Erstens nannten die befragten Lehrkräfte in einem offenen Antwortformat über alle Tätigkeitsbereiche hinweg mehr positive als negative Erlebnisse. Zweitens, wurden die meisten positiven aber auch negativen Ereignisse beim Unterrichten und bei der Interaktion mit dem Kollegium berichtet. Während die Vor- und Nachbereitung des Unterrichts eher selten als negativ erlebt wurde, wurden Ereignisse im Zusammenhang mit organisatorischen Aspekten relativ häufig als negativ erlebt. Drittens sagte die Häufigkeit der negativen Ereignisse das tägliche Wohlbefinden der Lehrkräfte vorher. Je mehr kleine, tägliche negative Ereignisse von den Lehrkräften berichtet wurde, desto erschöpfter waren sie am Ende des Tages. Für das tägliche Wohlbefinden war es weniger wichtig, in welchen Tätigkeitsbereich ein negatives Ereignis fiel, sondern vielmehr, ob es als mehr oder weniger positiv bewertet wurde. Auch dies spricht für die Bedeutsamkeit individueller Bewertungsprozesse beim Erleben beruflichen Wohlbefindens.

Es lässt sich festhalten, dass es eine Vielzahl von Befunden zur Relevanz tätigkeitsbezogener Merkmale für das berufliche Wohlbefinden von Lehrkräften gibt. Trotz der Diversität der verwendeten Instrumente und Konzepte herrscht weitgehend Einigkeit, dass die sozialen Interaktionen insbesondere mit den Schülerinnen und Schülern sowie mit den Kolleginnen und Kollegen beides sein können: eine wertvolle Ressource, aber auch ein Risikofaktor in Hinblick auf das berufliche Wohlbefinden. Eine nicht gelingende Klassenführung ist dabei die zentrale Quelle von Stresserleben, während eine positive Beziehung zu den Schülerinnen und Schülern eine Quelle von Freude und Zufriedenheit darstellt. Das Gefühl, vom Kollegium unterstützt zu werden, kann ebenfalls eine wertvolle Ressource darstellen. Den meisten der Studien ist gemeinsam, dass sie auf subjektiven Angaben der Lehrkräfte basieren. Dies entspricht auch den Annahmen der meisten psychologischen Modelle, welche die Bedeutung der subjektiven Bewertung von potenziellen Belastungsfaktoren unterstreichen.

Es ist wichtig, zu wissen, welche Maßnahmen und Angebote die Lehrkräfte dabei unterstützen können, mit den erlebten Belastungen und Stress umzugehen und entsprechende Kompetenzen zu erwerben, die sie im Umgang mit herausfordernden Situationen und Gegebenheiten unterstützen. In den letzten Jahren wurden verschiedene Interventionsmaßnahmen entwickelt, zu deren Wirksamkeit nachfolgend einige relevante Studien vorgestellt werden.

> **Befunde zu Ressourcen und Stressoren im Lehrerberuf**
>
> **Eingangsvoraussetzungen**
>
> - keine negative Selektion im Lehrerberuf – weder hinsichtlich der Leistung noch bezüglich der Persönlichkeit
> - soziales Interesse ausschlaggebend für Lehramtsstudium
>
> **Personale Merkmale**
>
> - Neurotizismus als berufsunspezifischer Risikofaktor, Extraversion als protektives Merkmal
> - Selbstwirksamkeitserwartung, pädagogisch-psychologisches Wissen sowie ein angemessenes Verhältnis von Engagement und Widerstandsfähigkeit sind berufsspezifische Ressourcen
>
> **Tätigkeit und Schulkontext**
>
> - *Stressoren:* Unterrichtsstörungen, große Klassen, Konflikte im Kollegium und mit Eltern, hohes Arbeitspensum, Zeitdruck
> - *Ressourcen:* positive Interaktionen mit Schülerinnen und Schülern, wahrgenommene Unterstützung vom Kollegium, positives Schulklima

3.4 Interventions- und Trainingsstudien

Die Gesundheit und das Wohlbefinden von Lehrkräften ist – wie in den vorangegangen Kapiteln deutlich wurde – ein Thema von hoher praktischer und politischer Relevanz (vgl. Blossfeld et al., 2014). Neben der Untersuchung der Ursachen und Konsequenzen des beruflichen Wohlbefindens, haben sich viele Akteure aus Forschung und Praxis mit der Frage beschäftigt, welche Präventions- und Interventionsmaßnahmen negative Erlebensqualitäten wie Stress und Burnout wirksam reduzieren können. Ziel der gesundheitsförderlichen Maßnahmen ist es, persönliche, soziale und organisationale Ressourcen zu stärken und Stressoren zu reduzieren. Bevor wir in Kapitel 4 die verschiedenen Ansätze aus der Perspektive der schulpsychologischen Praxis beschreiben werden, wollen wir in dem folgenden Abschnitt wissenschaftliche Studien vorstellen, die sich mit der Evaluation von Präventions- und Interventionsmaßnahmen für Lehrerinnen und Lehrer beschäftigt haben.

Maßnahmen zur Gesundheitsförderung und Stressbewältigung werden häufig in *verhältnisbezogene* und *verhaltensbezogene* Ansätzen unterteilt (vgl. Lehr, 2014). Verhältnisbezogene Maßnahmen konzentrieren sich auf eine Veränderung bzw. Verbesserung der Arbeitsbedingungen, während verhaltensbezogene Maßnahmen das Individuum und seine individuellen Bewältigungsmöglichkeiten in den Fokus stellen. Darüber hinaus können Maßnahmen danach unterschieden werden, ob sie der Prävention, d.h. der Vorbeugung, oder der Intervention bei schon beanspruchten oder gefährdeten Personen(-gruppen) dienen. Obwohl von verschiedenen Seiten, wie z.B. der Weltgesundheitsorganisation, empfohlen wird, sowohl die Arbeitsbedingungen als auch die Bewältigungsmöglichkeiten des Individuums zu verbessern, überwiegen die verhaltensbezogenen Angebote. Dies gilt sowohl für lehrerspezifische als auch berufsübergreifende Angebote. Eindrücklich gezeigt haben dies unter anderem Walter, Krugmann und Plaumann (2012) in einer Meta-Analyse zu Burnout Interventionen. Sie fanden, dass über 70 % der publizierten Arbeiten zwischen 1995 und 2011 verhaltensbezogene Maßnahmen beschrieben. In den übrigen knapp 30 % der Studien fanden sich Kombinationen aus verhaltens- und verhältnisbezogenen Interventionen. Die Befunde der Meta-Analyse zeigen deutliche kurz- aber auch mittelfristige positive Effekte verhaltensbezogener Maßnahmen zur Stärkung individueller Ressourcen. Deutlich geringere Effekte wurden für die verhältnisbezogenen Maßnahmen berichtet. Möglicherweise wird die Wirkung der verhältnisbezogenen Maßnahmen allerdings dadurch unterschätzt, dass diese auch weniger beanspruchte Personen erreichen, bei denen keine unmittelbare Reduktion von Symptomen der beruflichen Beanspruchung zu erwarten ist. Potenziell längerfristige präventive Wirkungen sind in den gegenwärtigen Evaluationen schwer sichtbar zu machen (vgl. Blossfeld et al., 2014).

Für die Berufsgruppe der Lehrkräfte liegen vielfältige Angebote zur Prävention und Intervention vor. Diese reichen von Fort- und Weiterbildungsangeboten zum Thema Gesundheit und Stressmanagement im Rahmen von Vorträgen und Workshops, über Gesundheits- bzw. pädagogische Tage an Schulen, bis hin zu strukturierten Einzel- und Gruppenangeboten zur Förderung individueller Ressourcen und Kompetenzen bei der Bewältigung beruflicher Anforderungen. Im Folgenden werden wir ausgewählte Befunde zur Evaluation insbesondere verhaltensbezogener Maßnahmen darstellen, da diese den Schwerpunkt wissenschaftlich begleiteter Maßnahmen bilden (vgl. Kapitel 4 für eine Übersicht der Möglichkeiten im Rahme pädagogischer Tage).

3.4.1 Förderung individueller Ressourcen und Bewältigungskompetenzen

Das Potsdamer Lehrertraining

Zur Förderung individueller Bewältigungsmöglichkeiten wurde im Zuge der Forschung zu Arbeitsbezogenen Erlebens- und Verhaltensmustern und der Identifikation sogenannter Risikotypen für berufliche Beanspruchung (siehe Kapitel 3) von Schaarschmidt und Kollegen ein Interventionsprogramm speziell für Lehrkräfte entwickelt. Das Trainingskonzept orientiert sich an dem Stressmanagement Training von Kaluza (1996), welches mehrfach positiv evaluiert wurde und über viele Berufsgruppen hinweg eingesetzt wird. Das Potsdamer Lehrertraining besteht aus sieben Modulen (siehe Abbildung 3.4): Diagnostik eines der AVEM-Typen (Gesundheitstyp: hohes Engagement und hohe Widerstandsfähigkeit; Schontyp: niedriges Engagement und hohe Widerstandsfähigkeit; Risikotyp A: hohes Engagement und niedrige Widerstandsfähigkeit; Risikotyp B: niedriges Engagement und niedrige Widerstandsfähigkeit), Ursachenanalyse, Technik der systematischen Problemlösung, Zeit- und Selbstmanagement, Kommunikation und soziale Kompetenz, Zielsetzung und Zielplanung sowie Entspannungsverfahren.

Das Training wurde an Lehramtsstudierenden, Referendarinnen und Referendaren und Lehrkräften im Beruf eingesetzt. Die Ergebnisse von Prä-Post-Test Vergleichen zeigen positive Effekte im Sinne einer Reduzierung des Risikotyp A von 21,6 % auf 13,0 % und des Risikotyp B von 25,1 % auf 9,8 % (Abujatum et al., 2007). Allerdings zeigte sich in der Gruppe der Studierenden, dass die Reduktion der Risikotypen zu Lasten einer Erhöhung der Häufigkeit des Schontyp ging (29,0 % vor und 37,0 % nach dem Training; Schaarschmidt, 2004). Lehrkräfte, die aufgrund ihrer Selbstberichte dem Schontyp mit einem unterdurchschnittlichen beruflichen Engagement und einer hohen Distanzierungsfähigkeit zugeordnet werden können, sind zwar nicht gefährdet für Stress und Burnout, allerdings

Abbildung 3.4: Module des Potsdamer Lehrertrainings

ist von ihnen auch kein engagiertes berufliches Handeln zu erwarten, was sich auch in negativen Beurteilungen ihrer Unterrichtsqualität durch die Schülerinnen und Schüler manifestiert (Klusmann et al., 2006). Die Befunde der Evaluation zeigen aber nach dem Training auch einen deutlichen Anstieg in der der Häufigkeit des Gesundheitstyps, welcher mit einem hohen Engagement und einer hohen Distanzierungsfähigkeit einen sowohl in Hinblick auf die Gesundheit als auch auf die Schülerinnen und Schüler wünschenswerten Bewältigungsstil verkörpert.

Arbeit und Gesundheit im Beruf. Das Präventionsprogramm AGIL

Das Programm AGIL ist ein Programm speziell für Lehrkräfte zur Stressbewältigung und Gesundheitsförderung (Hillert et al., 2016). Das Programm ist vor dem Hintergrund der Forschung zur kognitiv-behavioralen Stressbewältigung entwickelt worden und hat zum Ziel Stressoren zu reduzieren und Bewältigungskompetenzen zu stärken. Es kann sowohl als präventive Maßnahme als auch als Interventionsmaßnahme eingesetzt werden. Das Programm besteht aus vier Modulen, die optional durch sieben Zusatzmodule ergänzt werden können (siehe Abbildung 3.5). Im ersten Modul, dem Basismodul, steht die Wissensvermittlung zum Thema Stress und die Identifikation individueller Stressoren und Stressreaktionen sowie

---

AGIL Programm (Hillert et al., 2016)

Module (je Modul 2× 100 Minuten; geschulte Trainerinnen und Trainer)

Basismodul	Stressfördernde Gedanken	Problem- und Konfliktlösefähigkeiten	Erholungsmöglichkeiten
Wissensvermittlung Stress, Identifikation individueller Stressoren und Stressreaktionen, Motivierung der Teilnehmenden	Identifizierung stressfördernder Kognitionen und Einüben kognitiver Stressbewältigungstechniken	Lösung sozialer Konflikte mittels Techniken aus sozialen Kompetenztrainings, Lösung von Zeitmanagementproblemen	Erarbeitung individueller Erholungsmöglichkeiten

Zusatzmodule

Fantasiereise durch die berufliche Biografie, Ausgangs- und Zielort beruflicher Belastung, Informations- und Gesprächseinheit: Burnout, Soziale Unterstützung, Gratifikation in der Krise, Psychosoziale Funktionen der Arbeit, Achtsamkeitsmodul

Abbildung 3.5: Übersicht über die Module des AGIL-Programms

die Motivierung der Teilnehmerinnen und Teilnehmer im Mittelpunkt. Das zweite Modul widmet sich stressfördernden Kognitionen. Potenziell stressfördernde Gedanken werden identifiziert und kognitive Stressbewältigungstechniken eingeübt. Das dritte Modul zielt darauf ab, Problemlöse- und Konfliktlösefähigkeiten zu fördern. Es steht die Lösung sozialer Konflikte mittels Techniken aus Trainings zur sozialen Kompetenz und von Zeitmanagement-Problemen in Mittelpunkt. Im vierten Modul werden schließlich individuelle Erholungsmöglichkeiten erarbeitet. Ein Modul umfasst einen Zeitraum von zweimal einhundert Minuten und wird von geschulten Trainern und Trainerinnen durchgeführt.

Das Autorenteam hat verschiedene Studien zur Überprüfung der Wirksamkeit durchgeführt. Zum einen wurden in einem klinischen Kontext Lehrkräfte die an AGIL und einer Psychotherapie teilnahmen mit Lehrkräften verglichen, die nur eine Psychotherapie machten (Lehr, Sosnowsky & Hillert, 2007). Die Ergebnisse zeigten, dass die Teilnehmerinnen und Teilnehmer das AGIL Programm sehr positiv bewerteten. Auch waren die teilnehmenden Lehrkräfte anschließend davon überzeugt, die beruflichen Belastungen zukünftig besser bewältigen zu können. Ebenfalls berichteten die Lehrkräfte, die zusätzlich zur Therapie auch an AGIL teilgenommen hatten, eine höhere berufliche Selbstwirksamkeitserwartung als diejenigen Lehrkräfte, die ausschließlich Psychotherapie erhielten. In einer weiteren Studie (Hillert, Koch, Kiel, Weiß & Lehr, 2014) wurde AGIL außerhalb des stationär-klinischen Kontexts erprobt. An der Studie nahmen über 100 Lehrkräfte teil, die sich freiwillig für das Training zur Stressbewältigung angemeldet haben. Die teilnehmenden Lehrkräfte machten zu 4 Zeitpunkten (drei Monate vor sowie direkt vor dem Training, unmittelbar nach Abschluss des Trainings und zwölf Monate nach Abschluss) Angaben zu Symptomen der Depression. Vor dem Training wiesen über 70 % der Teilnehmer keinen klinisch auffälligen Depressionswert auf; die übrigen 30 % wiesen hohe Werte auf und können als belastet eingestuft werden. Die Trainingsteilnahme zeigte nur bei den Personen mit erhöhten Depressionswerten einen substanziellen Rückgang der Depressivität, der auch über ein Jahr nach Ende des Trainings noch nachweisbar war. Für die Lehrkräfte, die geringe Depressionswerte angaben, zeigte sich durch das Programm keine substanzielle Reduktion der Werte. Beide Gruppen berichteten aber hohe Zufriedenheitswerte mit dem Training. Die Autoren weisen auf das grundlegende Problem hin, die Wirkung eines solchen Programms bei niedrig belasteten Personen nachzuweisen.

Die beiden vorgestellten Trainingsprogramme sind multi-modal angelegt, d. h. sie bestehen aus mehreren Bausteinen, die verschiedene Ansätze und Strategien (z. B. Diagnostik, Psychoedukation, behaviorale und kognitive Techniken sowie Entspannung) zur Stress- und Anforderungsbewältigung konzentrieren. Neben den multimodalen Programmen gibt es auch Angebote für Lehrkräfte, die sich auf spezifische Strategien konzentrieren. Im Folgenden werden wir zwei sehr unterschiedliche Angebote vorstellen: ein Problemlösetraining, das Online bearbeitet werden kann (Ebert et al., 2014) und ein Gruppentraining für Lehrkräfte zu Förderung der Achtsamkeit (Roeser et al., 2013).

Ein Online-Training zur Förderung der Problemlösekompetenz

Ziel des Trainings ist es, Bewältigungs- und Problemlösestrategien in Hinblick auf stressrelevante Ereignisse oder Situationen zu verbessern (Ebert et al., 2014; Lehr, 2014). Die Teilnehmer und Teilnehmerinnen durchlaufen ein fünfwöchiges Programm, in welchem sie unter Anleitung an ihren individuellen stressrelevanten Situationen und möglichen Bewältigungsstrategien arbeiten. Unterstützt werden sie dabei von einem e-Couch, Videoinstruktionen sowie individualisierten Rückmeldungen. Die Wirksamkeit der Maßnahme wurde mittels eines randomisierten Kontrollgruppen-Designs überprüft.

An der Studie nahmen 150 Lehrkräfte teil, die zufällig entweder der Intervention oder der Wartekontrollgruppe zugeteilt wurden. Alle Teilnehmenden der Evaluationsstudie wiesen erhöhte Depressionswerte auf. Die Befragungen vor, direkt nach und sechs Monaten nach der Maßnahme zeigten, dass sich die Depressionswerte der Trainingsteilnehmerinnen und -teilehmer im Vergleich zur Kontrollgruppe signifikant reduziert hatten. Auch das subjektive Stresserleben, die emotionale Erschöpfung und das Grübeln verringerten sich deutlich durch das Training. Keinen Effekt hatte das Training auf die Anzahl der Fehltage, die allerdings über den gesamten Beobachtungszeitraum eher gering ausfielen.

Internetbasierte Angebote zur Förderung psychischer Gesundheit und zur Bewältigung von Stress und ihre Wirksamkeit sind ein aktuelles Forschungsthema (vgl. Lehr et al., in Druck). Als Vorteile internetbasierter Intervention werden die Möglichkeit zur Individualisierung in Hinblick auf Tempo und Zeitpunkt der Bearbeitung, Wiederholungsmöglichkeiten und die komplette Anonymität genannt. Interessanterweise gaben in der Studie von Ebert und Kollegen 80 % der Teilnehmerinnen und Teilnehmer, trotz erhöhter Depressionswerte, an, noch nie an einer psychologischen Intervention teilgenommen zu haben, was als Hinweis auf eine relativ niedrige Schwelle zur Teilnahme an dem Angebot interpretiert werden kann.

Ein Achtsamkeits-Training für Lehrkräfte

Während sich die bis jetzt vorgestellten wissenschaftlichen Studien zur Wirksamkeit von Präventions- und Interventionsprogrammen auf Methoden und Strategien mit einer langen Tradition in der psychologischen Forschung beziehen, kann die quantitative Forschung zu den Effekten von Achtsamkeitstrainings als relativ junges Forschungsfeld bezeichnet werden. Erst in den letzten Jahren rückte das

Thema Achtsamkeit (engl. *Mindfulness*) in den Fokus des Forschungsinteresses und in diesem Zuge wurden auch für Lehrkräfte spezielle Programme entwickelt und evaluiert (vgl. Hwang et al., 2017; Roeser et al., 2013). Ziel eines Achtsamkeitstrainings ist es, die Aufmerksamkeit der Person bewusst und intentional auf die Gegenwart zu fokussieren ohne Bewertungen und Urteile zu fällen. Dadurch soll es Personen in akut stressrelevanten Situationen leichter fallen ihre Stress-Symptome zu erkennen und ihre Reaktionen zu regulieren. In akuten Stresssituationen fällt eine Regulation oftmals schwer, weil schnell aufkommende negative Emotionen reguliert und langsame exekutive Reaktionen aktiviert werden müssen.

Von einem US-amerikanischen Forscherteam wurde ein achtwöchiges Programm, mit 11 Sitzungen und einem Umfang von 36 Stunden entwickelt. Die Inhalte des Trainings konzentrieren sich auf Wissensvermittlung über Achtsamkeit, praktische Achtsamkeitsübungen, Yoga-Übungen, Gruppendiskussionen zu den Achtsamkeitsübungen und Hausaufgaben. Gefördert werden soll die „ability to direct and sustain attention intentionally and nonjudgmentally on present-moment somatic and mental experiences in the form of bodily sensations, feelings, mental images, and thoughts" (Roeser et al., 2013, S. 790). Die Wirksamkeit des Trainings wurde mittels einer randomisierten Kontrollgruppen-Studie in den USA und Kanada überprüft. Insgesamt nahmen 115 Lehrkräfte an der Studie teil, die zufällig dem Programm oder einer Wartekontrollgruppe zugewiesen wurden. Diese Personen wurden dreimal hinsichtlich ihres subjektiven Stresserlebens, ihrer Aufmerksamkeit, ihres Arbeitsgedächtnisses sowie physiologischer Stresswerte untersucht. Es zeigte sich auch drei Monate nach dem Ende des Programms, dass Lehrkräfte, die am Training teilgenommen haben, sich als deutlich weniger belastet beschrieben in Form von Stress, Burnout, Ängstlichkeit und Depression als Lehrkräfte, die sich in der Wartelistenkontrollgruppe befanden. Überdies zeigte sich eine leichte Verbesserung in den Tests zur Aufmerksamkeit und dem Arbeitsgedächtnis in der Trainingsgruppe. Obwohl sich das subjektive Stresserleben der Trainingsteilnehmerinnen und -teilnehmer deutlich verbessert hatte, ergaben sich keine Effekte für die physiologischen Indikatoren von Stress wie dem Kortisolspiegel, Blutdruck und der Herzrate.

Es lässt sich insgesamt festhalten, dass für die Verbesserung individueller Bewältigungsstrategien verschiedene, erfolgsversprechende Maßnahmen entwickelt wurden. Diese reichen von breit angelegten, multimodalen Stressmanagement-Programmen bis zu Trainings mit spezifischen Foki wie beispielsweise der Achtsamkeit. Gemeinsam ist ihnen, dass für alle Ansätze Hinweise für ihre Wirksamkeit vorliegen. Als besonders belastbar können dabei die Studien mit einem randomisierten Kontrollgruppendesign bewertet werden, da hier ausgeschlossen werden kann, dass sich die Personen in der Trainingsgruppe und der Kontrollgruppe schon vor der Maßnahme hinsichtlich wichtiger Merkmale unterscheiden. Abschließend wollen wir noch Ansätze vorstellen, dies sich auf spezifische Kompetenzen von Lehrkräften und deren Förderung konzentrieren.

3.4.2 Förderung berufsspezifischen Wissens und Könnens

Die sozialen Interaktionen mit Schülerinnen und Schülern sind, wenn sie positiv verlaufen, eine Quelle von Freude und Motivation für die Lehrkräfte und die Schülerinnen und Schüler selbst. Nicht gelingende Interaktionen und eine nicht gelingende Klassenführung werden hingegen von den meisten Lehrkräften als Hauptursache ihres Stresserlebens beschrieben (siehe 3.3). Demzufolge liegt es nahe, das Wissen und Können zum Thema Klassenführung als eine potenzielle Ressource zur erfolgreichen Bewältigung der beruflichen Anforderungen und zur Reduktion von Stresserleben von Lehrkräften zu untersuchen. Für Lehrkräfte im Berufseinstieg konnten Klusmann et al. (2012) sowie Dicke, Parker et al. (2015) zeigen, dass Wissen über Klassenführung mit einer geringeren emotionalen Erschöpfung und höherer Berufszufriedenheit assoziiert ist. Es liegt daher nahe, zu untersuchen, inwiefern (angehende) Lehrkräfte hinsichtlich ihres Wohlbefindens von einem Training ihres Wissens und Könnens zur Klassenführung profitieren. Bisherige Arbeiten zur Wirksamkeit von Klassenführungstrainings haben sich allerdings fast ausschließlich auf Verhaltensänderungen im Unterricht selbst und nicht auf das berufliche Wohlbefinden der Lehrkräfte konzentriert (Freiberg & Lapointe, 2006; Piwowar, Thiel und Ophardt, 2013).

Eine der ersten Studien, die in diesem Zusammenhang einen Aspekt des Wohlbefindens von Lehrkräften – nämlich das Erleben von Angst – untersucht hat, wurde von Sharp und Forman (1985) vorgelegt. Sie überprüften in einem randomisierten Kontrollgruppendesign die Wirksamkeit eines Trainings zur Klassenführung im Vergleich zu einem klassischen Stressmanagementtraining (in Anlehnung an Meichenbaum, 1977) und einer Kontrollgruppe. An der Studie nahmen 60 Lehrkräfte teil, die zufällig auf eine der drei Gruppen verteilt wurden. Sowohl das Stressmanagementtraining als auch das Klassenführungstraining hatten einen Umfang von achtmal zwei Stunden und wurden von Schulpsychologen durchgeführt. Die Studie zeigte, dass sowohl die Lehrkräfte, die das Training zur Klassenführung absolvierten als auch die Lehrkräfte, die am Stressmanagementtraining teilnahmen, eine substanzielle Reduktion ihrer Ängstlichkeit berichteten. Interessanterweise zeigten sich positive Effekte nicht nur im Selbstbericht sondern auch in Beobachtungsdaten zum Unterrichtsverhalten der Lehrkräfte. So wurde sowohl bei den Lehrkräften des Klassenführungs- als auch des Stressmanagementtrainings eine signifikante Verringerung körperlicher Manifestationen von Ängstlichkeit (z. B. Räuspern, Versprechen, mit Gegenständen hantieren und Lippenbefeuchten) von geschulten Beobachtern berichtet. Ebenfalls zeigten sich insbesondere bei den teilnehmenden Lehrkräften des Klassenführungstrainings positive Effekte hinsichtlich ihres Interaktionsverhaltens gegenüber den Schülerinnen und Schülern. Die Studie bestätigte insgesamt die Annahme, dass die Vermittlung berufsspezifischer Strategien der Klassenführung das Stresserleben von Lehrkräften reduzieren kann. Eine vergleichbare Studie wurde von Dicke, Elling, Schmeck und

Leutner (2015) durchgeführt, in der sie die Effekte eines Klassenführungstrainings (The Classroom Organization and Management Program, COMP; Emmer & Evertson, 2008) und eines Stressmanagementtrainings in Anlehnung an das AGIL Programm (Lehr, Sosnowsky & Hillert, 2007) im Vergleich zu einer Wartelistenkontrollgruppe untersuchten. Die Studie adressierte explizit Lehrkräfte im Vorbereitungsdienst, die wenig Erfahrung und häufig Schwierigkeiten mit der Klassenführung berichteten. Die Befunde bestätigten die Analysen von Sharp und Forman (1985), indem beide Trainingsprogramme positive Effekte auf verschiedene Indikatoren des beruflichen Wohlbefindens hatten. Zusätzlich zeigte sich längerfristig eine leichte Überlegenheit des Klassenführungstrainings, da die Teilnehmenden auch ein Jahr nach dem Training eine geringere emotionale Erschöpfung und weniger Grübeln berichteten als angehende Lehrkräfte, die am Stressmanagementtraining teilgenommen hatten. Die Autoren interpretierten ihre Befunde auch dahingehend, dass insbesondere das zusätzlich zum Vorbereitungsdienst besuchte Klassenführungstraining eine präventive Wirkung gegenüber Symptomen des sogenannten Praxisschocks bei Übergang in den eigenständigen Unterricht haben kann.

Es lässt sich festhalten, dass die Trainings zur Klassenführung darauf abzielen, einen Stressor, nämlich Disziplinprobleme und Störungen im Unterricht zu vermeiden bzw. den Umgang damit zu professionalisieren. Die klassischen Stressmanagement-Trainings zielen demgegenüber darauf ab, dass ein Stressor (Belastung) nicht zu einer Stressreaktion (Beanspruchung) führt. Beide Ansätze haben ihre Wirksamkeit bis zu einem Jahr nach der Maßnahme gezeigt. Ob und welche längerfristigen Effekte die jeweiligen Ansätze haben, kann zum jetzigen Zeitpunkt noch nicht empirisch beantwortet werden.

Wirksamkeit von Trainingsprogrammen

Förderung individueller Ressourcen und Bewältigungskompetenzen

- *Potsdamer Lehrertraining:* Förderung individueller Bewältigungsmöglichkeiten
  - Reduzierung der Anteile von (angehenden) Lehrkräfte in den Risikotypen A und B sowie höherer Anteil im Gesundheitstyp,
  - aber auch größerer Anteil im Schontyp
- *AGIL:* Stressbewältigung und Gesundheitsförderung
  - klinisches Setting: höhere berufliche Selbstwirksamkeitserwartung
  - außerhalb des stationären Settings: substanzieller Rückgang der Depressivität bei Lehrkräften mit klinisch auffälligen Depressionswerten (30 % der Teilnehmenden)

- *Online-Training zur Förderung der Problemlösekompetenz:* Bewältigungs- und Problemlösestrategien
  - geringere Depressionswerte, geringeres Stresserleben, geringere emotionale Erschöpfung und weniger Grübeln als Wartelistenkontrollgruppe
- *Achtsamkeitstraining:* Stresssymptome erkennen und Reaktionen regulieren
  - im Vergleich zur Wartelistenkontrollgruppe geringere Beanspruchung (weniger Stress, Ängstlichkeit, geringeres Burnout, geringere Depressivität)

Förderung von Klassenführungskompetenzen

- Klassenführungs- und Stressmanagementtrainings reduzieren Ängstlichkeit, emotionale Erschöpfung und Grübeln, auch längerfristig
- *Klassenführungstrainings:* Vermeidung bzw. Umgang mit Stressoren im Unterricht
- *Stressmanagementtrainings:* Vermeidung von Stressreaktionen auf Stressoren

4 Konkrete Handlungsoptionen

So unterschiedlich das Stressempfinden bei den Menschen ist, so unterschiedlich sind auch die Ressourcen und Strategien, mit Stress umzugehen. Ein allgemeingültiges Rezept der Stressbewältigung und Gesundhaltung gibt es daher nicht. In der Forschung existieren mittlerweile zahlreiche empirische Erkenntnisse, die für die Arbeit mit Lehrkräften und Schulleitungen nützlich sein können. Allerdings stehen dem unmittelbaren Wissenstransfer in die Praxis auch einige Herausforderungen gegenüber. Die intensive wissenschaftliche Diskussion und ausdifferenzierte und mehrperspektivische Forschungsliteratur (siehe Kapitel 2 und 3), in welcher verschiedene theoretische Konzepte und Ansätze nicht trennscharf nebeneinanderstehen, erschweren es, die Orientierung zu behalten, belastbare empirische Befunde zu erkennen und die Relevanz für die praktische Tätigkeit zu erarbeiten.

Eine weitere Herausforderung besteht darin, dass das Thema Gesundheit von Lehrkräften zwar von hoher Relevanz ist, aber im Bildungskontext mit anderen Themen, die der Förderungen der Schülerleistung oftmals noch direkter zugeordnet sind, wie beispielsweise den fachlichen Kompetenzen der Lehrkräfte, konkurriert. Dies spiegelt sich unter anderem darin wieder, dass die Themen Gesundheit und Umgang mit Belastungen eher eine untergeordnete Rolle in der Aus- und Weiterbildung von Lehrkräften spielen; auch bei der Aus- und Weiterbildungen von Schulleitungen, denen es oftmals an Wissen mangelt, um das Thema Lehrergesundheit, besonders bei der systematischen Planung und Integration von Präventions- und Interventionskonzepten, angemessen zu berücksichtigen. Somit wird überdies eine wichtige Ressource von Lehrkräften gefährdet, nämlich die Unterstützung der Schulleitung beim Umgang mit Belastungen, und führt zu der Gefahr, dass Lehrkräfte das Ausmaß ihrer Beanspruchung und ihres Stresses erst erkennen, wenn sich diese bereits chronifiziert haben.

Zusätzlich kann die Hemmung der betroffenen Lehrkräfte und Schulleitungen, sich dem Thema psychische Gesundheit zuzuwenden, eine weitere Herausforderung darstellen. Betroffene Lehrkräfte befürchten mögliche Stigmatisierungen und verdrängen ihre Belastungen, da sie Sorge haben, dass ihnen eine persönliche Schwäche attestiert wird. Verschiedene auch medial transportierte

Vorurteile über Lehrkräfte dürften hierbei auch eine Rolle spielen (Blömeke, 2005).

In den Ausführungen im folgenden Kapitel werden Themen in den Blick genommen, die sich sowohl in der Forschung als auch in der Praxis – in Seminaren und Workshops sowie in der Beratung zum Thema Lehrergesundheit – als oftmals hilfreiche Stellschrauben der Lehrergesundheit und Stressprophylaxe herausgestellt haben. Es werden folgenden Bereiche in den Fokus genommen:

Der Blick auf sich selbst
Reflexion des beruflichen Selbstverständnisses sowie des eigenen Energiehaushaltes, Umgang mit inneren Antreibern und stressbeschleunigenden Gedanken, Achtsamkeit und Selbstwertschätzung
Kompetenzen und Professionalisierung
Klassenführung, Gesprächsführung, Umgang mit negativen Emotionen, Ausbau des eigenen Unterstützersystems, Zeitmanagement
Work-Life-Balance
Pausengestaltung, Abgrenzung von Arbeits- und Erholungszeit, Erholungsaktivitäten, Entspannungsverfahren, Schlafhygiene
Gesundheit im Schulsystem
Fürsorgliches Schulleitungshandeln, schulisches Gesundheitsmanagement, gesundheitsförderliche Faktoren in der Schule, Gestaltung von Gesundheitstagen

Die Ausgangslagen, dieses Kapitel zu lesen, sind sicherlich sehr unterschiedlich. Die Perspektive auf das Thema ist unterschiedlich, je nachdem, ob man ein Berufsanfänger bzw. -anfängerin ist, die sich präventiv mit dem Thema auseinandersetzen möchte; eine Lehrkraft, die bereits deutliche Stresssymptome bemerkt; eine Schulleitung, die sich Gedanken um das Kollegium macht oder ein Schulpsychologe bzw. eine Schulpsychologin, die Lehrkräfte in der Beratung und durch andere Angebote unterstützen möchte. Die bisher schon erörterte Vielschichtigkeit und Wichtigkeit des Themas macht deutlich, dass das Thema Lehrergesundheit in die Aus- und Weiterbildung nicht nur von Lehrkräften sondern auch von Schulpsychologinnen und -psychologen, Schulsozialpädagoginnen und -pädagogen, Beratungslehrkräften sowie Schulleitungen integriert werden sollte.

Diese Ausführungen sind als Anregung zu verstehen, als Einladung und Angebot, sich *die* Aspekte herauszugreifen, die für die jeweils individuelle Situation und

Ausgangslage relevant und hilfreich erscheinen. Es lohnt sich, Gesundheit und Wohlbefinden regelmäßig in den Blick zu nehmen, da sich Lebenssituationen und somit auch das Stresserleben und die Ressourcen im Umgang damit ändern können. Zudem benötigen Veränderungen Zeit und regelmäßige Reflexion, um sich nachhaltig niederschlagen zu können.

4.1 Der Blick auf sich selbst

Stresserleben sowie Maßnahmen, die das Wohlbefinden und die Gesundheit steigern können, sind sehr individuell. Im Mittelpunkt steht daher erst mal die Auseinandersetzung mit sich selbst und zwar – im beruflichen Kontext – mit dem professionellen Selbst. Das berufliche Selbst wird im pädagogischen Handeln sowie in Werten und beruflichen Zielen sichtbar (Bauer, 2002). Es setzt sich zusammen aus Persönlichkeitsmerkmalen, Lernerfahrungen, Werten und Zielen, die sich durch Reflexion weiterentwickeln können. Regelmäßige Reflexion führt dazu, eigene Bedürfnisse stärker wahrzunehmen und in den Fokus zu rücken, das Arbeitsumfeld nach eigenen Interessen oder Wünschen zu gestalten sowie bewertungsfreier und selbstfürsorglicher mit sich umzugehen. Aus der praktischen Arbeit mit Lehrerinnen und Lehrern wird deutlich, dass diese Faktoren das professionelle Handeln stärken sowie die eigene Zufriedenheit und das Wohlbefinden steigern. In diesem Kapitel werden daher folgende Themen aufgegriffen:
- Reflexion der eigenen Schul- und Berufsbiografie
- Energiespender und -fresser
- Umgang mit inneren Antreibern und stressbeschleunigenden Gedanken
- Achtsamkeit
- Selbstwertschätzung

4.1.1 Das berufliche Selbstverständnis

Die Auseinandersetzung mit dem beruflichen Selbst beginnt am Anfang, nämlich in der eigenen Schulzeit. Bei der Berufswahl liegt die eigene Schulzeit oft erst kurze Zeit zurück. Die eigenen Berufsvorstellungen werden demnach stark von der eigenen Schulbiografie beeinflusst und ebenso die späteren Überzeugungen, Ziele und Werte. Themen oder didaktischen Methoden sind z. B. durch die eigenen Schulerfahrungen mit diesen geprägt und werden je nachdem im eigenen Lehrerhandeln eher bevorzugt oder abgelehnt. Eine Reise zurück in die eigene Schulzeit ist daher möglicherweise erhellend und Erkenntnisse können in das eigene berufliche Handeln integriert werden.

Reflexion der eigenen Schulbiografie

- Wie war ich als Schüler oder Schülerin?
- Wie habe ich Schule erlebt?
- Welche Lehrerinnen oder Lehrer haben mir zu gesagt? Welche Lehrerinnen oder Lehrer konnte ich nicht gut leiden?
- Welche Unterrichtsmethoden haben mir gefallen, welche gar nicht?
- Wie machen sich meine eigenen Schulerfahrungen möglicherweise in meinem professionellen Handeln bemerkbar?

Die zweite Station auf der Vergangenheitsreise ist die Frage nach der Berufswahl. Motive, wieso man sich dazu entscheidet, Lehrerin oder Lehrer zu werden, können beispielsweise sein:
- Interesse am Fach
- Wunsch, mit Kindern und Jugendlichen zu arbeiten
- Möglichkeit, Menschen etwas beibringen zu können
- Sicherer Arbeitsplatz und Gehalt
- Ferienzeiten und flexible Arbeitszeiteinteilung

Bemerkenswert ist, dass der Lehrerberuf nahezu der einzige ist, bei dem man sich schon zu Beginn des Studiums für einen konkreten Beruf entscheidet. Die eigenen Rollenvorstellungen und Ideale zu Beginn der Berufswahl unterscheiden sich aber möglicherweise von den tatsächlich wahrgenommenen Aufgaben und Bedingungen im späteren Berufsleben.

Für die berufliche Zufriedenheit ist es wichtig, dass das eigene berufliche Selbstverständnis, die eigenen Stärken und Interessen mit den Bedingungen vor Ort möglichst deckungsgleich sind. Dies kann für das subjektive Erleben von beruflichem Erfolg relevant sein (Bauer, 2002). Auch Peter & Peter (2013) beschreiben die Wechselwirkung zwischen den Anforderungen des Berufes und den persönlichen Eigenschaften und Fähigkeiten. So sollten Anforderungen und Fähigkeiten, Tätigkeiten und Interessen sowie Angebote und Bedürfnisse möglichst passungsgleich sein.

Reflexion des Rollenverständnisses

- Welche Rollen nehmen Sie normalerweise in Ihrem beruflichen Alltag ein?
- Als Sie sich für das Lehramtsstudium entschieden haben, was dachten Sie da, welche Rollen Sie einnehmen würden?
- In welchen Rollen fühlen Sie sich wohl? Was sind Ihre Stärken?
- Stimmen Ihre Interessen, Stärken und Vorstellungen mit den tatsächlich wahrgenommenen Aufgaben überein? Wenn nicht: Welche Gestaltungsmöglichkeiten und -freiräume gibt es für Sie?

Je transparenter für einen persönlich das berufliche Selbst- und Rollenverständnis ist, desto leichter kann es fallen, berufliche Schwerpunkte zu setzen und zu schauen, an welchen Stellen der Berufsalltag so gestaltet und verändert werden kann, dass sich darin das berufliche Selbstverständnis widerspiegelt. Herr H. aus dem Fallbeispiel in Kapitel 1 findet sich beispielsweise häufig in der Rolle wieder, Schülerinnen und Schülern beratend zur Seite zu stehen. Diese Aufgabe passt sowohl mit seinem Rollenverständnis, seinen eigenen Stärken als auch Interessen zusammen. Da Herr H. weiß, dass dieser Aufgabenbereich für seine Arbeitszufriedenheit von hoher Bedeutung ist, hat er sich dazu entschlossen, diesen für sich auszuweiten und die Beratungslehrerausbildung zu absolvieren.

4.1.2 Energiespender und -fresser

Interessen und Stärken bestimmen auch, welche Aufgaben als befriedigend und erfüllend erlebt werden. Während manche Aufgaben anstrengend und auslaugend erscheinen (Energiefresser), gibt es auch solche Aufgaben, die den eigenen Interessen und Stärken entsprechen und dadurch Energie und Befriedigung verschaffen (Energiespender). Dies kann beispielsweise die Einnahme einer Beratungslehrerfunktion sein, das Angebot einer Theater-AG oder die Arbeit mit bestimmten Schülergruppen.

Die Waage zwischen Energiegewinn und -verlust sollte zu Gunsten des Energiegewinns stehen, damit langfristig genügend Ressourcen, Wohlbefinden und Lebenszufriedenheit vorhanden sind. Dabei spielen für die persönliche Energiebilanz nicht nur berufliche Faktoren eine Rolle, sondern auch private Faktoren wie beispielsweise Freizeitaktivitäten, soziale Kontakte oder andere außerberufliche Aufgaben, denn auch sie haben einen Einfluss auf die Gesamtenergiebilanz und somit auch auf unsere beruflichen Ressourcen.

Energiespendende Aufgaben sollten in den regelmäßigen (Berufs-)Alltag integriert werden. Aufgaben, die trotz höherer Anforderung mühelos bewältigt werden können und in denen man aufgeht (sogenannte Flow-Erlebnisse), machen zufrieden und steigern die intrinsische Motivation für die Arbeit.

Situationen, die hingegen Energie rauben, sollten genauer unter die Lupe genommen werden. Hierbei ist eine Überprüfung sinnvoll, ob es möglich ist, diese Situationen (1) zu streichen oder zumindest zu reduzieren oder (2) zu gestalten und zu verändern. Wenn sie weder streich- noch veränderbar sind, wird es oftmals als entlastend erlebt, frei nach dem Motto *Leave it, change it or love it* zu einer inneren Akzeptanz der Situation zu gelangen (siehe nächstes Kapitel).

Übung

	Ressourcen Was gibt Ihnen positive Gefühle? Was macht Ihnen Freude, gibt Ihnen Energie oder Motivation?	**Belastungen** Was nervt, ärgert und belastet Sie? Was nimmt Ihnen Energie und Motivation?
Schule		
Familie		
Freizeit		
Sonstiges		

4.1.3 Stressbeschleunigende Gedanken

Oft sind es nicht (ausschließlich) die Situationen selbst, die den Stress ausmachen (siehe auch die Erläuterungen zum Transaktionalen Stressmodell in Kapitel 2). Gedanken können in Form von inneren Antreibern dafür sorgen, dass der Stress weiter wächst. Antreiber wie „ich muss immer alles richtig machen" oder

„sei schnell" erzeugen Druck und führen meist zu Misserfolgserlebnissen, weil es schlichtweg unmöglich ist, immer alles richtig zu machen oder bei allen beliebt zu sein.

Die inneren Antreiber sind vielfältig und oft eng mit der eigenen Biografie verzahnt. Sie haben durchaus eine Daseinsberechtigung, denn in bestimmten Situationen des Lebens haben sie positive Wirkung gezeigt. Antreiber wie „ich muss alles richtig machen" führten in der Schulzeit vielleicht zu besonders guten Noten. Wer bei jedem beliebt sein will, bekommt von anderen viel positive Resonanz und Bestärkung. Innere Antreiber sind demnach nicht ausschließlich negativ, sondern können in bestimmten Situationen ein hilfreicher Ansporn sein – aber eben immer nur in bestimmten Situationen und einer gewissen Dosierung. Ein flexibler Umgang mit den inneren Antreibern ist wichtig, damit sie nicht in den falschen Momenten zur Belastung werden. In Tabelle 4.1 sind beispielhaft typische innere Antreiber und deren positiv formulierte Alternativen aufgeführt.

Tabelle 4.1: Umformulierung von inneren Antreibern (in Anlehnung an Schaarschmidt & Fischer, 2013, S. 117)

Innere Antreiber	Antreibender Gedanke	Positiv formulierte Alternative
Perfekt sein	Ich will jede Aufgabe, die der Lehrplan vorgibt, erfüllen.	Ich konzentriere mich auf das Wesentliche.
Nicht um Hilfe bitten	Ich bin kompetent und muss mit meinen beruflichen Problemen alleine klarkommen.	Jeder Mensch braucht einmal Hilfe. Es ist professionell, sich Unterstützung zu suchen.
Selbstlos sein	Ich will jederzeit für Schüler und Eltern da sein.	Ich bin ansprechbar, lasse mich aber nicht vereinnahmen und sorge auch für mich und meine Bedürfnisse.
Stets optimistisch sein	Ich gehe davon aus, dass alle Eltern meine Bemühungen unterstützen.	Ich spreche alle Eltern an, kann aber nicht erwarten, alle zu gewinnen.
Besonders innovativ sein	Ich möchte die Dinge grundlegend verändern.	Ich bringe neue Ideen ein, aber es muss nicht alles in Frage gestellt werden. Ich kann auch auf bereits Bestehendes zurückgreifen.
Anerkannt und beliebt sein	Ich will, dass mich alle Schüler mögen.	Ich möchte als Lehrer wahrgenommen werden, der sich um seine Schüler bemüht.

Der erste Schritt im Umgang mit inneren Antreibern ist es, diese zu identifizieren und sich bewusst zu machen, dass sie als Gedanken nicht zwangsläufig der aktuellen Realität entsprechen. Bereits die Identifikation der inneren Antreiber kann zur Entschärfung der Gedanken beitragen. Zusätzlich können die inneren Antreiber in positiv formulierte Alternativen umgewandelt werden.

Umformulierung der inneren Antreiber

- Welche inneren Antreiber sind für Sie persönlich kennzeichnend?
- Welche negativen Wirkungen haben diese inneren Antreiber für Sie?
- Welches sind die positiven Aspekte?

Formulieren Sie Ihre inneren Antreiber so um, dass die negativen Aspekte ausgeschlossen und die positiven Aspekte hervorgehoben werden. Formulieren Sie die belastungsmindernde Alternative knapp, positiv ausgerichtet und in Ich-Form. Verankern Sie diesen Satz für sich, probieren Sie ihn im Alltag aus und verändern Sie ihn ggf. noch mal. Wenn Sie ein Entspannungstraining einüben (siehe Kapitel 4.3.3), können Sie Ihren Satz auch als Formel in Ihre Entspannung integrieren

(in Anlehnung an Schaarschmidt und Fischer, 2013, sowie Kaluza, 2011)

Weitere Techniken, innere Antreiber umzuformulieren und diese zu entschärfen, sind beispielsweise:
- Einen Perspektivwechsel vornehmen („Was würde ich einer Kollegin bzw. einem Kollegen/Freundin bzw. Freund in der Situation raten oder sagen?")
- Zeitliche Distanz schaffen („Wie werde ich nächste Woche/in einem Jahr/in fünf Jahren über diese Situation denken?")
- Generalisierungen vermeiden und nach Ausnahmen suchen (z. B.: „Welche Situationen gab es, in denen es anders gelaufen ist? Wann hat es schon mal gut geklappt?")
- Schwarz-Weiß-Denken vermeiden („Welche möglichen Ausgänge für eine Situation gibt es, die zwischen den Extremen liegen?")

Zusammenfassend lässt sich sagen, dass die Bewertung und die Gedanken zu einer Situation maßgeblich beeinflussen, ob diese Stress auslöst oder nicht. Durch das Erkennen der eigenen Antreiber, das Umformulieren von Gedanken sowie den anderen beschriebenen Techniken kann es gelingen, Situationen anders zu bewerten, gelassener zu bleiben und somit auch andere Reaktionen zu zeigen.

Dadurch, dass innere Antreiber mit der eigenen Biografie verzahnt sind, können diese unter Umständen hartnäckig sein und eine regelmäßige Auseinandersetzung mit der eigenen Biografie mit sich bringen. Ist dies der Fall, erleben viele Lehrerinnen und Lehrer Supervisionsgruppen oder andere außerschulische Unterstützungsangebote als hilfreich (siehe auch Kapitel 4.2.4).

4.1.4 Achtsamkeit

Innere Antreiber wahrzunehmen und aus alten Reaktionsmustern auszusteigen, fällt leichter, wenn Achtsamkeit für den gegenwärtigen Moment besteht. Das Konzept der *Achtsamkeit* (oder auch *mindfullness*) kommt ursprünglich aus dem Buddhismus und ist ein zentrales Konzept der Meditation. Jon Kabat-Zin, ursprünglich Molekularbiologe, entwickelte in den siebziger Jahren orientiert an der Yoga-Praxis und Vipassana-Meditation das Training der **M**indfulness-**B**ased **S**tress **R**eduction (kurz MBSR), also der achtsamkeitsbasierenden Stressreduzierung und brachte das Konzept somit in die westliche Welt.

Trotzdem Achtsamkeit seine Wurzeln im Buddhismus hat, ist es auch für eher „unspirituelle" Menschen ein alltagstaugliches Konzept des Reflektierens. Achtsamkeit bedeutet, den gegenwärtigen Moment bewusst zu erleben. Anstatt automatisiert zu urteilen, zu entscheiden oder zu kategorisieren, wird das Hier und Jetzt wertfrei beobachtet und einfach nur wahrgenommen, was in diesem Moment ist.

Selbstreflexion

Sie stehen morgens früh unter der Dusche. Spüren Sie das Wasser auf der Haut? Wie ist die Temperatur des Wassers? Fühlen Sie, wie sich Ihr Duschgel beim Auftragen anfühlt oder welchen Geruch Sie wahrnehmen?

Oder stehen Sie körperlich zwar unter Dusche, sind Sie in Gedanken aber schon auf dem Weg zur Schule, in der ersten Stunde oder überlegen, was Sie vor dem Unterricht noch alles vorbereiten müssen?

Durch die gezielte, nicht wertende Aufmerksamkeitslenkung und Eigenwahrnehmung, gelingt es, einen gelasseneren Umgang mit sich, den eigenen Gedanken und Gefühlen zu entwickeln. Aus der Beobachterposition heraus fällt es leichter, neue Perspektiven einzunehmen und Situationen emotional neu zu bewerten. Anstatt im Autopiloten zu reagieren, können automatisierte Reaktionsmuster durchbrochen werden.

Seit der Entwicklung des MBSR in den siebziger Jahren durch Kabat-Zin hat das Konzept der Achtsamkeit Einzug in die Bereiche Psychotherapie, Coaching, Personalentwicklung und der Gesundheitsprävention erhalten. Das Interesse ist groß. Die Anzahl wissenschaftlicher Untersuchungen zu Achtsamkeit, MBSR und zu deren Wirksamkeit steigen daher kontinuierlich. Eine Metaanalyse von Gotink et al. (2015) zeigt positive Effekte von Achtsamkeitstrainings auf körperliche und psychische Symptome. Es gibt deutliche Hinweise darauf, dass Achtsamkeitstrainings berufsbezogenen Stress vermindern und somit das Risiko, durch berufsbedingten Stress zu erkranken, auch in der Gruppe der Lehrerinnen und Lehrer, senken kann (Luken & Sammons, 2016; Virgili, 2015). Statt Stress zeigen Mitarbeiterinnen und Mitarbeiter mehr Präsenz und Mitgefühl, eine höhere emotionale Stabilität sowie ein gestiegenes Wohlbefinden, Entspannung und Lebenszufriedenheit (Escuriex & Labbé, 2011; Krasner et al., 2009; Mackenzie et al., 2006; Schenström, Rönnberg & Bodlung, 2006).

Achtsamkeit lässt sich grundsätzlich bei jeder Tätigkeit durchführen und täglich einüben, sodass ein intensives Training nicht zwingend erforderlich ist. Eine Zusammenfassung von Zeidan (2015) deutet darauf hin, dass sich die positiven Effekte der Achtsamkeit selbst ohne ein besonders geleitetes Training oder eine intensive Praxis zeigen. Dennoch kann ein solches Training den Einstieg in die – möglicherweise zunächst ungewohnte – Haltung von Nichtbewertung, Akzeptanz und Gelassenheit erleichtern. Kurse lassen sich beispielsweise über den MBSR-Verband (www.mbsr-verband.de) finden.

Achtsamkeitsanker im Schulalltag

Für das alltägliche Einüben gibt es im Kontext Schule zahlreiche Gelegenheiten. Hier einige Beispiele für Achtsamkeitsübungen im Schulalltag:
- Den Schulweg ganz bewusst gehen und beobachten, was sich auf dem Weg und am Wegrand wahrnehmen lässt.
- Multitasking für einen Tag abschaffen und Tätigkeiten ganz bewusst ausüben, ohne parallel etwas anderes zu machen oder schon an die nächste Aufgabe zu denken.
- Die Tasse Kaffee oder das Pausenbrot nicht nebenher zu sich nehmen, sondern bewusst genießen.
- Einer Kollegin bzw. einem Kollegen oder einem Schüler bzw. einer Schülerin für einige Minuten einfach nur zuhören, ohne direkt mit eigenen Ideen oder Redebeiträgen einzusteigen.
- Bei jedem Stunden-Gong tief und bewusst ein- und ausatmen.
- Eine Klasse betreten, als wäre es das erste Mal und die Schülerinnen und Schüler mit frischem, neugierigen Blick beobachten.
- Die eigene Haltung wahrnehmen (z. B. vor der Klasse, bei der Begrüßung der Klasse, bei Gesprächen).
- Einen Bodyscan durchführen, also den eigenen Körper ganz bewusst von den Füßen bis nach oben zum Gesicht wahrnehmen (z. B. vor Schulbeginn, am Kopierer oder in einer Unterrichtspause).
- Tätigkeiten, bei denen man bemerkt, dass man sie in diesem Moment viel zu schnell ausführt (z. B. gehen, essen), bewusst verlangsamen.

Greifen Sie sich erst mal eine *wenn-dann*-Verknüpfung heraus und versuchen Sie, diese in Ihren Alltag einzubauen, z. B.: „Wenn ich auf dem Weg zur Arbeit bin, dann nehme ich meine Umgebung ganz bewusst wahr", „Immer wenn ich eine neue Klasse betrete, dann atme ich vorher ganz bewusst ein und aus" oder „Wenn ich

> mein Pausenbrot esse, dann esse ich es langsam und konzentriere mich ganz auf den Geschmack". Möglicherweise bemerken Sie, dass Sie schnell ablenkbar sind, sie gedanklich immer wieder abschweifen oder Ihre wenn-dann-Verknüpfung vergessen. Geben Sie sich Zeit und kommen Sie geduldig zu Ihrem Vorhaben zurück. Achtsamkeit ist eine Haltung, die sich wie ein Muskel erst nach und nach aufbauen muss.

Kleine Achtsamkeitsanker im Alltag können helfen, für einen Moment aus dem Trubel des Alltags auszusteigen und sich auf sich zu besinnen. Viele Lehrerinnen und Lehrer berichten, dadurch selbstfürsorglicher mit sich umzugehen, besonnener auf emotional schwierige Situationen reagieren zu können, Pausen und positive Erlebnisse bewusster wahrzunehmen oder kurze Entspannungsinseln im Alltag einbauen zu können. Auch wenn Achtsamkeitsübungen per se keine Entspannungsübungen sind, können sie dennoch eine entspannende Wirkung haben.

> **Zum Weiterlesen:**
>
> Kabat-Zinn, J. (2009). *Achtsamkeit für Anfänger*. Freiburg: Arbor.
>
> Kaltwasser, V. (2010). *Persönlichkeit und Präsenz. Achtsamkeit im Lehrerberuf.* Weinheim: Beltz.

4.1.5 Selbstwertschätzung

Die eigenen Bedürfnisse wahrzunehmen und selbstfürsorglich zu sein, sich selbst für Erfolge zu loben und zu belohnen: Das alles sind Ausdrucksweisen der Selbstwertschätzung. Diese ist gerade im Lehrerberuf entscheidend dafür, ob ein berufliches Engagement als lohnenswert empfunden wird.

Das Modell der Gratifikationskrise *(Effort-Reward-Imbalance Modell)* von Siegrist (1996, siehe Abbildung 4.1) geht davon aus, dass Mitarbeiter bzw. Mitarbeiterinnen in der Lage sind, berufliche Belastungen auch langfristig auszuhalten, wenn diese durch entsprechende Belohnungen kompensiert werden (z. B. durch Gehalt oder Wertschätzung) oder in Aussicht gestellt wird, dass eine solche Belohnung erfolgen wird (z. B. Beförderung). Besteht ein solcher Ausgleich durch eine Belohnung, machen auch länger anhaltende berufliche Belastungen nicht krank. Erst die sogenannte Gratifikationskrise – wenn Verausgabung und Belohnung langfristig im Ungleichgewicht sind – führt zu negativen Gefühlen wie Frust oder Wut, löst Stress aus und kann somit langfristig gesundheitsschädlich sein.

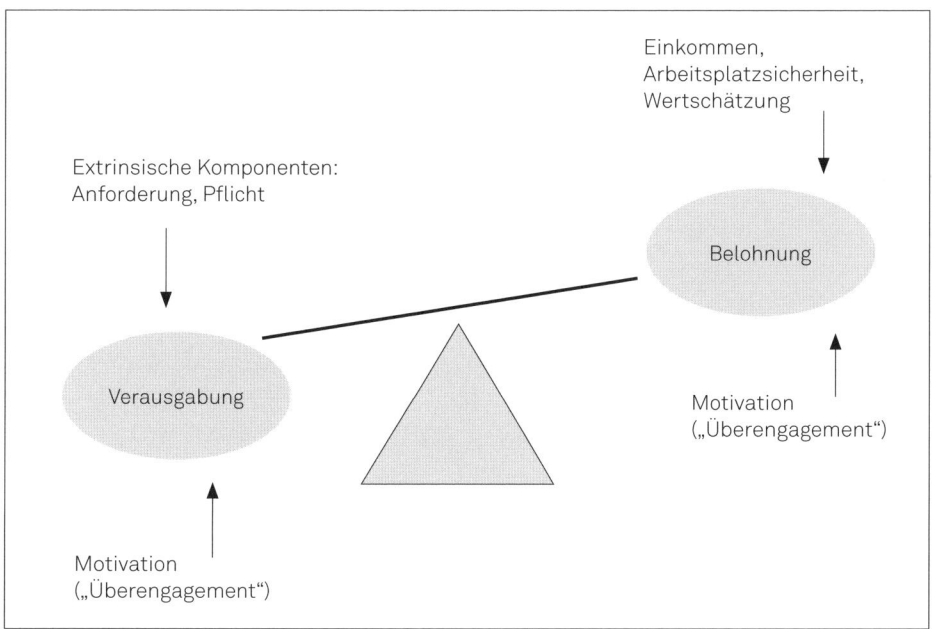

Abbildung 4.1: Effort-Reward-Imbalance Modell nach Siegrist (1996)

Betrachtet man das Effort-Reward-Imbalance Modell, muss man beachten, dass bestimmte Belohnungen wie Gehalt und Arbeitsplatzsicherheit im Lehrerberuf relativ konstant sind (Hillert et al., 2016). Diese fallen also kaum ins Gewicht, wenn es um einen ausreichenden Ausgleich für Belastungen geht. Die Belohnungskomponente der Wertschätzung fällt hingegen deutlich stärker ins Gewicht. Wird die Wertschätzung durch die Schulleitung, Kollegen oder Eltern als zu niedrig empfunden, kann es zu einer Gratifikationskrise kommen: das Engagement auf der Arbeit zahlt sich nicht mehr aus. Auslastung und Belohnung stehen nicht mehr im Gleichgewicht, woraus Arbeitsunzufriedenheit und Belastung entstehen können.

Selbstwertschätzung ist noch aus einem zweiten Grund wichtig für das psychische Wohlbefinden im Lehrerberuf: fehlende Wertschätzung führt zu einer Bedrohung des Selbstwertes. Dieser basiert auf zwei Säulen: der Wertschätzung durch andere (z. B. Lob, nonverbale Gesten) als auch auf der Wertschätzung der eigenen Person (siehe Abbildung 4.2). Optimaler Weise sind beide Säulen vorhanden und ausgeprägt.

Studien zeigen allerdings, dass die Wertschätzung durch andere, z. B. durch die Gesellschaft oder durch Eltern, von Lehrpersonen oft als unzureichend empfunden wird (Eurydice, 2004). Fehlende Zusammenarbeit und eine mangelnde Feed-

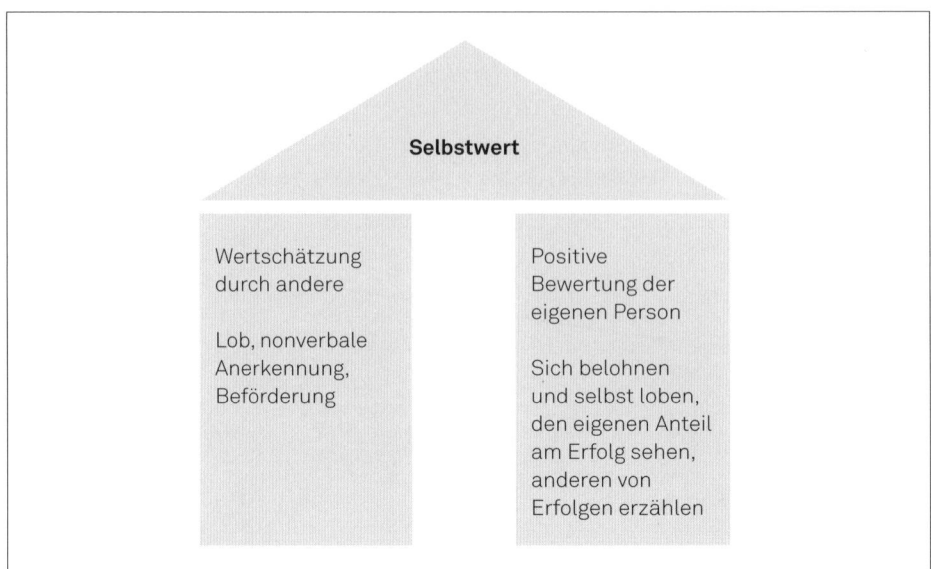

Abbildung 4.2: Die zwei Säulen der Wertschätzung in Anlehnung an Hillert et al. (2016)

backkultur in Kollegien sind zusätzliche selbstwertbedrohliche Faktoren (Rothland, 2004). Eine stabile Selbstwertschätzung ist daher im Lehrerberuf umso wichtiger, da diese die fehlende Wertschätzung durch andere kompensieren kann. Wege der Selbstwertschätzung können z. B. sein:

- Sich für geschaffte Arbeit belohnen: Auszeiten gönnen, etwas Schönes unternehmen, eine Tasse Kaffee ganz bewusst genießen
- Sich selbst loben und Positives hervorheben: sich selber sagen, dass man etwas gut gemacht hat, sich auf die Schulter klopfen, die eigenen Erfolge anerkennen, am Abend die positiven Momente des Tages festhalten
- Anderen von Erfolgen erzählen, sich über Erfolge freuen, stolz auf sich sein

In einer Gesellschaft, in der „Eigenlob stinkt" oder angeberisch ist, mag dies zunächst schwerfallen. Oftmals werden eigene Schwächen und Fehler viel stärker und die gleichen Verhaltensweisen bei anderen mit mehr Gelassenheit und Nachsicht bewertet. Eigene Erfolge werden somit geschmälert und die Leistung als geringer eingeschätzt, die Zufriedenheit mit der eigenen Leistung sinkt. Selbstwertschätzung lässt sich aber üben. Ähnlich wie bei der Achtsamkeit fällt es nach kurzer Zeit schon leichter, eigene Erfolge wahrzunehmen und positiv hervorzuheben, je häufiger man bewusst seinen Fokus darauf gelenkt hat. Das fühlt sich nicht nur gut an und stärkt den Selbstwert, sondern steigert eben auch die eigene Arbeitszufriedenheit und macht unabhängiger von der (ggf. fehlenden) Wertschätzung anderer.

Konkrete Handlungsoptionen

Sammeln Sie:

Meine Stärken

_____
_____
_____
_____

Erfolge

Was ich geschafft habe. Was mir gelungen ist. Worauf ich stolz sein kann. Auch kleine Erfolge zählen!

_____
_____
_____
_____

Meine Wege der Selbstwertschätzung

So habe ich mich belohnt oder gelobt.

_____
_____
_____
_____

Fazit

Lehrerinnen und Lehrer sind tagtäglich mit einer Vielzahl unterschiedlicher Akteure, deren Bedürfnissen und Anforderungen beschäftigt. Der hektische Alltag fordert schnelles Handeln und Multitasking. Nicht selten berichten Lehrerinnen und Lehrer, dass sie wie im Autopiloten von einer Stunde zur nächsten wechseln. So bleibt wenig Zeit zum Innehalten oder für Reflexion. Die eigenen Bedürfnisse geraten aus dem Fokus. Dies kann langfristig nur auf Kosten

der eigenen Gesundheit gehen. Was dieses Kapitel zeigt, ist, dass ein bewusster, achtsamer und selbstfürsorglicher Umgang mit sich das eigene Wohlbefinden und die Zufriedenheit steigert. Wer regelmäßig innehält und sich reflektiert, hat die Chance
- wahrzunehmen, was im Hier und Jetzt ist,
- einen Schritt zurück zu gehen und die aktuelle Situation von einer anderen Perspektive zu betrachten,
- belastende Situationen frühzeitig zu erkennen und diesen entgegen zu wirken,
- den Autopiloten abzuschalten und anders zu reagieren,
- Bedürfnisse wahrzunehmen und diese zu befriedigen,
- Erfolge sowie positive Momente wahrzunehmen und bewusst zu genießen,
- das Umfeld nach den eigenen Wünschen und Zielen mitzugestalten.

Der Blick auf sich selbst bietet demnach eine große Chance – und das Gute daran ist, dass man niemanden außer sich selbst dafür braucht. Gleichzeitig ist es eine große Verantwortung, denn wenn man selbst nicht fürsorglich und zuvorkommend mit sich umgeht, wird es wahrscheinlich auch niemand anderes tun.

4.2 Kompetenzen und Professionalisierung

Die Reflexion des eigenen pädagogischen Handelns macht sensibel für Situationen im Berufsalltag, die eher als schwierig oder herausfordernd wahrgenommen werden. Bestimmte Kompetenzbereiche sind tagtäglich gefragt und werden gleichzeitig oft als belastend erlebt: schwierige Klassensituationen, schwierige Elterngespräche, Regulation negativer Emotionen oder der Umgang mit fehlender Zeit und zu vielen Aufgaben. Lehrpersonen, die überzeugt davon sind, schwierige Anforderungen im Berufsalltag bewältigen zu können, erleben Herausforderungen als weniger belastend (Nieskens, 2006). Was führt zu der Überzeugung, eine Anforderung bewältigen zu können? Die eigene Selbstwirksamkeit hängt stark davon ab, ob für die Anforderungen des Berufsalltags das passende Handwerkszeug zur Verfügung steht, also Techniken vorhanden sind, mit diesen Situationen adäquat umgehen zu können. Neben dem Wissen um Techniken geht es außerdem darum, Möglichkeiten zu nutzen, schwierige Situationen und Misserfolge zu reflektieren und neue Lösungsansätze zu entwickeln. Im folgenden Kapitel wird daher aufgezeigt
- welche Maßnahmen die Klassenführung erleichtern,
- wie Gespräche mit Eltern leichter vorbereitet und durchgeführt werden können,

- welche Techniken hilfreich sind, um negative Emotionen regulieren zu können,
- welche Möglichkeiten der kollegialen und außerschulischen Unterstützung es gibt,
- wie mit der Vielfalt an Aufgaben umgegangen und die Zeit gut strukturiert werden kann.

Jeder dieser Kompetenzbereiche könnte ganze Bücher füllen und auf dem Markt gibt es entsprechend auch zahlreiche Bücher und Ratgeber. An dieser Stelle kann daher nur ein erster Überblick und Anregungen zu den einzelnen Bereichen gegeben werden, aber am Ende jedes Unterkapitels finden sich jedoch Literaturhinweise zu weiterführender und vertiefender Literatur.

4.2.1 Klassenführung

Klassenführung gilt, wie wir bereits gesehen haben, als zentrale Kompetenz im Lehrerberuf und umfasst verschiedenste Aspekte, die alle das Ziel haben, eine lernförderliche und möglichst störungsfreie Lernumgebung zu schaffen (Helmke & Helmke, 2015). Klassenführung ist bei aller Komplexität eng mit der Person und deren Wissen und Können verknüpft. Nicht zuletzt deswegen kann es ein hohes Maß an Belastungsfaktoren für Lehrerinnen und Lehrer bergen (vgl. Gaertner, 2016; Syring, 2017):

- Es besteht die Gefahr, dass Schülerprobleme wie störendes Verhalten im Unterricht auf die eigene Person und (mangelnde) Klassenführung bezogen werden.
- Unterrichtsgeschehen und Schülerverhalten sind unvorhersehbar, so dass ein gewisses Maß an Spontanität erforderlich ist und Unsicherheit entstehen kann.
- Fehlgeschlagenes Führungsverhalten wird unmittelbar zurückgemeldet; durch Verstärkung weiterer Stressoren (steigende Unsicherheit, anhaltender Lärm), kann sich die Situation weiter aufschaukeln.
- Eigene Bedürfnisse, wie das, bei den Schülerinnen und Schülern beliebt sein zu wollen, müssen gegebenenfalls zurückgestellt werden, um Regeln durchzusetzen. Auch Konflikte mit Schülerinnen und Schülern können entstehen.
- Die Veränderung der Lernkultur erfordert durch vermehrte Individualisierung und Heterogenisierung des Unterrichts eine Weiterentwicklung des eigenen Handlungsrepertoires.

Eine gelingende Klassenführung kann sich hingegen positiv auf die Selbstwirksamkeit, Zuversicht und Leistungsfähigkeit auswirken (Gaertner, 2016) und hat damit auch wiederum positive Effekte auf die zukünftige Klassenführung, weil die Souveränität gesteigert wird. Kiel, Frey und Weiß (2013) stellen in ihrem PAUER-Training die Ressourcenschonung von Lehrpersonen bei der Klassenführung in den Fokus. Dabei sind Präsenz, Aktivierung, Unterrichtsfluss, Empathie und Regeln zentrale Bausteine:

Präsenz – Die Lehrperson hat eine Übersicht über das Geschehen in der Klasse und signalisiert verbal und nonverbal (z. B. durch die Positionierung im Raum oder die Stimme) jederzeit darauf reagieren zu können. Parallel ablaufende oder sich bei Übergängen überlappende Vorgänge im Klassenraum werden von der Lehrperson gleichzeitig erfasst, was ein gewisses Maß an Multitasking erfordert. Schwierige Klassensituationen können vorhergesehen, verhindert oder zeitnah unterbunden werden.

Aktivierung – Durch anregende und auf die unterschiedlichen Niveaus der Schülerinnen und Schüler angepasste Angebote wird die gesamte Klasse aktiviert. Dadurch sind alle zur Mitarbeit und zum Lernen motiviert. Zur Aktivierung gehören:
- Anregende und kooperative Lernmethoden
- Angebote für Pausen und Übergänge
- Einsatz von Schülerinnen und Schülern als „Experten"
- Präsentation der Ergebnisse durch Schülerinnen und Schüler
- Gut verteiltes Drannehmen bei Wortmeldungen

Unterrichtsfluss – Um die Lernzeit effizient nutzen zu können, werden Störungen, die den Fluss verzögern oder unterbrechen könnten, möglichst minimiert, z. B. durch:
- Einhaltung von Zeiten
- Vorbereitung des Raums (Schülerinnen und Schüler sind im Blickfeld der Lehrperson, häufig frequentierte Wege im Klassenraum werden freigehalten, die Gestaltung des Klassenraums ist übersichtlich)
- Vorbereitung des Materials (Vollständigkeit und gute Erreichbarkeit)
- Etablierung von Ritualen und Routinen z. B. für den Unterrichtsbeginn, Arbeitsphasen oder Phasenwechsel
- Nonverbale Reaktionen auf Schülerverhalten z. B. durch Blickkontakt, Gesten, Symbole und Mimik
- Einbezug der Schülerinnen und Schüler und Klärung von Verantwortlichkeiten z. B. Austeildienste

Regeln – Durch Regeln wird den Schülerinnen und Schülern verdeutlicht, welches Verhalten in bestimmten Situationen von ihnen erwartet wird:
- Regeln hängen gut einsehbar in der Klasse
- Regeln sind konkret und positiv formuliert
- Potenzielle Verstärker oder Konsequenzen sind transparent und erfolgen zeitnah
- Die Klasse wird bei der Erstellung der Regeln mit einbezogen

Klassenführung mag sich zunächst nach einem erhöhten Arbeits- und Energieaufwand anhören. Doch wie Eichhorn (2008) betont, ist es umso wichtiger, ausreichend Zeit für Klassenführung zu investieren, je schwieriger eine Klasse ist. Wird bei der Übernahme einer neuen Klasse oder zu Beginn eines neuen Schuljahres einmalig viel Zeit für das Einüben von Ritualen und Regeln genommen, zahlt sich dies im weiteren Verlauf durch eine reduzierte Lärmbelästigung, weniger Unterrichtsstörungen sowie einen größeren Einbezug von Schülerinnen und Schülern bei der Delegierung von Aufgaben aus. Die Investition von Unterrichtszeit führt demnach langfristig und unterm Strich zu deutlich mehr Zeit fürs Lernen.

Nicht nur Berufsanfänger sollten sich mit der eigenen Klassenführung auseinandersetzen. Es erfordert ein regelmäßiges Monitoring des eigenen Repertoires, bei dem auch Schülerfeedback sowie der Einsatz kollegialer Unterstützersysteme (zum Beispiel Kollegiale Fallberatung oder -hospitation) hilfreich sein können. Insbesondere die Komplexität des Themas als auch die besonderen Belastungsfaktoren, aber auch Entlastungschancen sprechen für eine regelmäßige Reflektion der eigenen Klassenführung.

> **Zum Weiterlesen:**
>
> Eichhorn, C. (2008). *Klassenführung. Wie Lehrer, Eltern und Schüler guten Unterricht gestalten.* Stuttgart: Klett-Cotta.
>
> Syring, M. (2017). *Classroom Management. Theorien, Befunde, Fälle – Hilfen für die Praxis.* Göttingen: Vandenhoeck & Ruprecht.

4.2.2 Schwierige Gespräche führen

Zu den Kernkompetenzen gehört neben Unterricht auch Gesprächsführung. Egal ob Förderplangespräch, Elternabende oder in der Teamarbeit mit Kolleginnen und Kollegen: im Schulalltag sind kommunikative Kompetenzen gefragt. Insbesondere schwierige Elterngespräche werden von vielen Lehrpersonen als Stressfaktor benannt. Die richtige Wahl des Gesprächsortes und -zeitpunktes, sowie ein transparenter Gesprächsablauf können helfen, Gesprächssituationen professionell zu begegnen und dadurch auch in schwierigen Situationen mehr Selbstwirksamkeit zu erleben.

Gesprächsrahmen

Der Gesprächsrahmen ist zentral für das Gelingen eines Gespräches. Tür-und-Angel-Gespräche, beispielsweise vor dem Unterricht oder in den Pausen, sollten grundsätzlich vermieden werden, denn oft ist bei Tür-und-Angel-Gesprächen nicht genügend Zeit vorhanden, so dass das Thema nur angerissen werden kann. Zudem ist es auch nicht möglich, sich auf solche Gespräche vorzubereiten. Wenn Eltern also kurz vor dem Unterricht oder in anderen Tür-Angel-Situation um ein Gespräch bitten, ist es oftmals besser, einen gemeinsamen Termin zu vereinbaren, an dem genug Zeit ist, sich dem Thema zu widmen. Für schwierige Gespräche sollten dabei mindestens 45 Minuten eingeplant werden. Neben der Zeit sollte im Vorfeld auch ein Raum reserviert werden, an dem das Gespräch vertraulich in Ruhe und ohne Unterbrechung stattfinden kann. Als Orientierung für ein Gespräch können folgende Phasen hilfreich sein:

Begrüßung

- Rahmen klären: Zeit, Anlass des Gesprächs
- Problembeschreibung sowohl der Lehrperson als auch der Eltern
- Abgleich der Sichtweisen
- Lösungsvorschläge sowohl der Lehrperson als auch der Eltern
- Entscheidung über konkrete Maßnahmen
- Vereinbarung und Verbleib

Gesprächsvorbereitung

Insbesondere bei schwierigen Gesprächen kann es entlastend sein, sich vorab einen Plan für das Gespräch zu machen:
- Was ist der Anlass des Gesprächs? Welchen Anlass oder Wunsch haben ggf. auch die Eltern formuliert?
- Was sind Probleme, die angesprochen werden sollen? Welche positiven Aspekte und Ressourcen gibt es?
- Was wird ggf. an Widerständen und schwierige Gesprächssituationen erwartet? Welche Handlungsmöglichkeiten bieten sich an?

Absprachen mit Kollegen und Kolleginnen oder der Schulleitung können bei schwierigen Gesprächen zusätzlich den Rücken stärken. Je nach Konfliktpotenzial des Gesprächs kann es auch hilfreich oder notwendig sein, eine zweite Person hinzuzuziehen. Damit sich das Gegenüber im Gespräch nicht in die Ecke gedrängt fühlt, sollte dieses aber im Vorhinein darüber informiert werden und die Möglichkeit haben, ebenfalls eine Vertrauensperson hinzu zu ziehen.

Elternkooperation

Für die Gesprächsplanung und Durchführung ist es natürlich relevant, mit welcher Motivation die Eltern an dem Gespräch teilnehmen. Gespräche mit kooperativen Eltern werden in der Regel als entspannt und unproblematisch erlebt. Roggenkamp, Rother und Schneider (2016, S. 22) beschreiben noch drei weitere Elterntypen, bei denen die Kooperationsbereitschaft eingeschränkt ist und die daher ein anderes Vorgehen verlangen:
- *Besucher:* Besuchende Eltern kommen zwar zum Gesprächstermin, erkennen aber das Problem, das vom Lehrer oder der Schule geschildert wird, nicht an. Für die Kooperation ist es hier wichtig, bereits zu Beginn positiv hervorzuheben, dass die Eltern zum Termin erschienen sind. Nach der Schilderung der Problemsicht, sollten die eigenen pädagogischen Grenzen aufgezeigt und um

eine Zusammenarbeit gebeten beziehungsweise Vorschläge für eine solche gemacht werden.
- *Anklagende Eltern:* Anklagende Eltern sehen zwar ebenfalls ein Problem, aber die Lösung des Problems liegt ihrer Ansicht nach alleine in der Schule. Eine eigene Verantwortlichkeit wird demnach nicht anerkannt. Oftmals treten diese Eltern wütend in der Schule auf. Die Unzufriedenheit sollte wahrgenommen und gespiegelt werden („ich verstehe, dass Sie wütend sind"). Insbesondere ist es hier wichtig, das gemeinsame Anliegen herauszuarbeiten und zu verstärken, um eine gemeinsame Lösung zu finden.
- *Vorgeladene Eltern:* Vorgeladene Eltern sind eigentlich nicht zu einem Gespräch bereit. Hier ist es wichtig, die Freiwilligkeit für das Gespräch zu betonen. Es geht darum, ein Angebot zur gemeinsamen Problemlösung zu machen und gleichzeitig aufzuzeigen, was Folgen und ggf. Konsequenzen sein können, wenn das Problem nicht bearbeitet wird.

Wertschätzung, Interesse und aufmerksames Zuhören können die Kooperation zwischen Lehrern und Eltern stärken und die Gesprächsatmosphäre dadurch verbessern, dass Probleme klarer herausgearbeitet werden können und der Sprechende ermutigt wird, sich zu öffnen (Schaarschmidt & Fischer, 2013).

Umgang mit Kritik

Kritik ist schwierig, weil sie eine Selbstwertverletzung darstellt und verunsichert, wenn die Inhalts- und die Beziehungsebene vermischt werden. Insbesondere in Gesprächssituationen zwischen Lehrkräften und Eltern können Kritik und Vorwürfe die Gesprächsatmosphäre belasten: Kritik kann verletzen und mit einem Gefühl des Statusverlustes einhergehen. Auf Kritik folgen zudem oft Gegenkritik oder Rechtfertigung. So unangenehm und schwierig sie auch sein kann, Kritik ist gleichzeitig ein wichtiges Medium, denn hinter Kritik verbergen sich oft Wünsche und Bedürfnisse, die anders nicht formuliert werden können. Um konstruktiv mit Kritik im Elterngespräch umgehen zu können, sind folgende Punkte wichtig:
- Ruhig reagieren anstatt impulsiv, d.h. zunächst eine Pause machen und tief ein- und ausatmen
- Inhalts- und Beziehungsebene voneinander trennen; Kritik auf die kritisierte Situation und das Verhalten beziehen, aber nicht auf die eigene Person
- Kritik hinterfragen und konkretisieren: Was genau wird kritisiert? Was sind möglicherweise Bedürfnisse hinter der Kritik? Was sind Wünsche an die Zukunft?
- Zur Kenntnis nehmen: möglicherweise ist die Kritik tatsächlich hilfreich, um Optimierungen am eigenen Verhalten vorzunehmen. Manchmal muss man es aber auch hinnehmen, dass es verschiedene Sichtpunkte auf ein und dieselbe Situation gibt.
- Verunsichert Kritik nachhaltig und macht emotional betroffen, wurde durch die Kritik möglicherweise ein „wunder Punkt" oder ein innerer Antreiber getrof-

fen. Hier ist es sinnvoll, sich nach dem Gespräch in Ruhe mit den dahinter liegenden Themen und Gefühlen auseinanderzusetzen (siehe Kapitel 4.1.3).

Berücksichtigt man, dass Kritik eine Form der Bedürfnisrückmeldung ist, es unterschiedliche Sichtweisen auf eine Situation gibt und Kritik helfen kann, eigene blinde Flecken sichtbar zu machen, dann kann Kritik konstruktiv genutzt werden. Rückmeldungen von Eltern, Schülerinnen und Schülern können so für die Weiterentwicklung der eigenen Professionalität und zur Verbesserung des Unterrichts hilfreich sein. Ein regelmäßiger Dialog über Bedürfnisse und Wünsche stärkt zudem das Miteinander. So ist es auch eine Möglichkeit, in der Klasse eine Feedbackkultur zu installieren und sich initiativ regelmäßig Rückmeldung durch die Schülerinnen und Schüler oder durch Eltern einzuholen.

> **Zum Weiterlesen:**
>
> Müller, G., Palzkill, B. & Schute, E. (2015). *Erfolgreiche Gesprächsführung in der Schule: Grenzen ziehen, Konflikte lösen, beraten.* Berlin: Cornelsen Scriptor.
>
> Roggenkamp, A., Rother, T. & Schneider, J. (2016). *Schwierige Elterngespräche erfolgreich meistern.* Augsburg: Auer.

4.2.3 Umgang mit negativen Emotionen

Der Lehrerberuf ist grundsätzlich durch viele Kontakte zu unterschiedlichen Personen gekennzeichnet und birgt dadurch auch immer die Gefahr von Konflikten und anderen emotional schwierigen Situationen. Negative Emotionen können dazu führen, dass z. B. ein Konflikt mit einer Schülerin oder einem Schüler durch Wut eskaliert, die Angst vor dem nächsten schwierigen Elterngespräch lähmt oder dass am Nachmittag Sorgen und Grübeleien auftreten, welche die Distanzierung zu schwierigen Situationen erschweren (siehe auch Kapitel 4.3.2). Obgleich man sich negativen Emotionen schnell ausgeliefert fühlt, ist deren Regulierung keine Fähigkeit, die man entweder besitzt oder nicht. Der Umgang mit negativen Emotionen lässt sich durchaus trainieren, so dass hier auch von einer Kompetenz gesprochen werden kann, die für das professionelle Selbstverständnis essenziell ist.

Berking (2010) fasst in seinem Training emotionaler Kompetenzen sieben Kompetenzen zusammen, die im Umgang mit negativen Gefühlen hilfreich sein können:
1. Muskelentspannung
2. Atementspannung
3. Bewertungsfreie Wahrnehmung
4. Akzeptieren und Tolerieren
5. Selbstunterstützung
6. Analysieren
7. Regulieren

Durch Muskel- und Atementspannungsübungen werden demnach zunächst, Erregungen reguliert und innere Ruhe wiederhergestellt. Starke Emotionen führen dazu, dass Gedanken nicht mehr sinnvoll gefasst werden können, und dadurch eine Situation nicht mehr konstruktiv lösbar ist. Durch die Entspannungsübungen wird die physiologische Erregung wieder heruntergefahren und kognitive Kapazität zur Verfügung gestellt. Gängige Entspannungstechniken sind in Kapitel 4.3.3 dargestellt.

Negative Emotionen gehören zum Leben dazu. Indem die negative Emotion sowie die auslösende Situation wertfrei betrachtet werden, wird Distanz geschaffen und die Situation kontrollierbar. Gefühle können neutral benannt und differenziert werden. Anstatt negative Gefühle direkt loswerden zu wollen, kann es hilfreich sein, diese zu akzeptieren sowie anzuerkennen, dass auch negative Gefühle wie Wut oder Trauer positive Funktionen haben. Scham oder andere negative Folgegefühle werden dadurch verhindert und die Selbstfürsorge unterstützt.

Durch die Entspannung der Situation sowie eine beobachtende, akzeptierende Haltung gegenüber negativen Gefühlen fällt es leichter, die emotional schwierige Situation mit etwas Distanz oder aus einer anderen Perspektive zu betrachten. Somit fällt es auch leichter, die Situation zu analysieren und Lösungsprozesse zu finden, z. B. die Gefühle in eine positive Richtung zu beeinflussen.

Gefühlsradar

Welches Gefühl macht sich bei Ihnen bemerkbar? Benennen Sie das Gefühl!

Welche körperlichen Reaktionen und Gedanken löst das Gefühl in Ihnen aus?

Welche Situation hat das Gefühl ausgelöst?

Welche Konsequenz ziehen Sie aus dem Gefühl? Wie möchten Sie sich verhalten?

Beispiel (in Anlehnung an Peter & Peter, 2013)

Gefühl	Situation	Körperliche Reaktion und Gedanken	Konsequenzen/ Regulationsstrategie
Ärger	Schüler verweigert sich und scheint dies zu genießen	Erhöhter Puls, Kiefer zusammenbeißen, muskuläre Anspannung	Beruhigung mit einer Atemübung in der Pause und wenn der Ärger verflogen ist, den Schüler klar und souverän ansprechen

4.2.4 Unterstützung nutzen

Emotional schwierige Situationen sowie vielfältige Rollen und unklare Anforderungen erfordern oftmals die Unterstützung durch andere Personen. Mit sozialer Unterstützung werden dabei „hilfreiche und unterstützende Handlungen in interpersonalen Beziehungen" verstanden (Rothland, 2013, S. 232), die durch Familie, Lebenspartnern, Freunden und Kollegen erfolgen können. Im Arbeitskontext kommt dem Kollegium natürlich eine besondere Bedeutung zu. Aber auch professionelle Unterstützung kann hierzu gezählt werden.

Soziale Unterstützung kann helfen, Problemlagen zu verändern (z. B. durch materielle Zuwendungen, Tipps zur Problemlösung oder Hilfeleistung) oder diese zumindest erträglicher zu machen (z. B. durch Anteilnahme, Zuwendung und Verständnis). Neben der Belastungsbewältigung schreiben Heller und Rook (2001) der sozialen Unterstützung noch weitere Funktionen zu, die insgesamt zu einer besseren Gesundheit und einem höheren Wohlbefinden führen. Dazu gehören die soziale Integration durch die Zugehörigkeit in eine Gruppe, Selbstwertstabilisierung durch positive Bewertung anderer, Affektregulierung durch gemeinsame Aktivitäten sowie Förderung von gesundheitsförderlichem Verhalten durch soziale Erwünschtheit. Um eine positive Auswirkung auf Stress und das Wohlbefinden zu haben, muss Unterstützung dabei nicht mal tatsächlich erfolgen. Bereits das Wissen darum, dass bei Bedarf Freunde, Familie oder Kollegen unterstützen würden, kann als Schutzfaktor wirken (Kienle, Knoll & Renneberg, 2006).

Die Art der Unterstützung kann dabei ganz unterschiedlich aussehen und hängt von der jeweiligen Situation ab (z. B. ob ein bestimmtes Fachbuch für den Unterricht benötigt wird oder man Anteilnahme und Ermutigung im Umgang mit einem schwierigen Schüler braucht). Nach Fydrich & Sommer (2003) werden folgende drei Arten von sozialer Unterstützung unterschieden:

1. Emotionale Unterstützung z. B. in Form von Zuneigung, Nähe, Vertrauen und Wertschätzung, aber auch durch Ermutigung, Anteilnahme, Verständnis und Rat bei Problemen.

2. Praktische Unterstützung z. B. durch das Leihen und Schenken von Geld oder Gegenständen, Hilfeleistungen, Tipps und Informationen sowie Übernahme von Aufgaben.

3. Soziale Integration z. B. durch gemeinsame Aktivitäten, Beziehungssicherheit, Zugehörigkeit zu einer Gruppe und gemeinsame Wertvorstellungen.

Darüber hinaus gibt es auch einige andere Taxonomien (z. B. Diewald, 1991 oder Schwarzer & Leppin, 1988), wobei die Kategorie der Bewertungsunterstützung von Schwarzer & Leppin (1988) hervorzuheben wäre. Informationen, die durch den interpersonellen Kontakt vermittelt werden, können dabei helfen, die eigenen Fähigkeiten oder Bedürfnisse besser einzuschätzen und somit eine Reflexionshilfe bieten.

Um soziale Ressourcen für sich nutzen zu können, ist es wichtig, bei konkreten Belastungen aktiv um Hilfe zu bitten oder sich Unterstützung zu suchen (Fydrich & Sommer, 2003). Neben sozialen Kontakten im persönlichen Bereich (siehe Kapitel 4.3.2) und einem unterstützenden Klima im Kollegium (Kapitel 4.4.2), werden im Folgenden zunächst Möglichkeiten aufgeführt, in strukturierter oder professioneller Form soziale Unterstützung zu erlangen.

Kollegiale Fallberatung

Kollegiale Unterstützung ist eine wichtige Schutzfunktion für tägliche berufliche Belastungen (Schaarschmidt, 2004). So ist es nach Nieskens (2006) gesundheitsförderlich, Orte und Gelegenheiten für Austausch und Kommunikation zwischen Kolleginnen und Kollegen zu schaffen. Eine verstärkte Teamarbeit kann dabei ein adäquates Mittel gegen Einzelkämpfertum sein, neue Perspektiven schaffen und Ideen ermöglichen. Auch für Berufseinsteigerinnen und Berufseinsteiger können kollegialer Austausch und Zusammenhalt eine wichtige Unterstützung darstellen. Die Kollegiale Fallberatung bietet hierzu eine strukturierte Methodik an.

Die Rahmenbedingungen für die Kollegiale Fallberatung sind wichtig, um eine vertrauliche Atmosphäre zu schaffen, in der auf Augenhöhe ein Austausch stattfinden kann und die Teilnehmenden von den Lösungsvorschlägen anderer profitieren können. Daher ist die wichtigste Voraussetzung für eine gelingende Kollegiale Fallberatung die Freiwilligkeit und Vertraulichkeit. Nur wer aus eigenen Stücken an einer Fallberatung teilnimmt, kann sich auf die Situation sowie die Ratschläge der Anderen einlassen. Um sich öffnen zu können, muss außerdem klar sein, dass die besprochenen Themen nicht an andere Unbeteiligte weitergegeben werden.

Weitere Rahmenbedingungen sind:
- Ein ruhiger, ungestörter Raum mit Möglichkeit, einen Sitzkreis zu bilden
- Termine in einem regelmäßigen Rhythmus, um in eine gewisse Routine zu kommen und Kollegiale Fallberatung nicht als Notfallintervention, sondern als alltägliches Unterstützungssystem zu installieren
- Ausreichend Zeit pro Termin

In der Kollegialen Fallberatung gibt es unterschiedliche Rollen, die nicht festgelegt sind, sondern je nach Fall wechseln können: eine Fallerzählerin bzw. einen Fallerzähler, eine Moderatorin bzw. einen Moderator sowie die weiteren Teilnehmenden als Beraterinnen und Berater. Desweiteren kann es einen „Sekretär" oder eine „Sekretärin" geben, die die gesammelten Lösungsvorschläge der Beratung für den Fallerzähler bzw. die Fallerzählerin festhalten.

Der Ablauf der Kollegialen Fallberatung ist wie folgt:
1. Verteilung der Rollen
2. Spontanerzählung durch Fallerzähler bzw. Fallerzählerinnen
3. Formulierung einer Schlüsselfrage durch den Fallerzähler bzw. die Fallerzählerin, auf die sich die Berater bzw. die Beraterinnen in der folgenden Phase beziehen sollen
4. Auswahl einer Methode
5. Beratung anhand der Schlüsselfrage und ausgewählten Methode
6. Abschluss mit Feedback durch Fallerzähler bzw. Fallerzählerin

Die Methoden der Kollegialen Fallberatung können variieren und unterschiedliche Schwerpunkte haben. So werden bei der Methode „Brainstorming" beispielsweise hinsichtlich der Fragestellung der Fallgeberin bzw. des Fallgebers Lösungsideen gesammelt, wobei jede Idee zählt und Kritik an den Ideen nicht erwünscht ist, um möglichst viele unterschiedliche Ideen generieren zu können. Bei der Methode „Ressonanzrunde" sammeln die Beratenden nach der Fallschilderung hingegen keine Lösungsideen oder Ratschläge, sondern äußern spontan, welche Empfindungen und Gedanken die Fallschilderung bei ihnen ausgelöst hat. Der Fallgeber bzw. die Fallgeberin bekommt so unterschiedliche Facetten des Falls gespiegelt und erfährt durch die Gefühlsäußerungen der anderen oftmals Anteilnahme und Verständnis.

Eine ausführliche Beschreibung dieser und vieler anderer Methoden der Kollegialen Fallberatung findet sich bei Tietze (2003). Es ist sinnvoll, sich mit dem Ablauf und den verschiedenen Methoden der Kollegialen Fallberatung im Vorfeld auseinander zu setzen und den Ablauf zunächst durch eine damit vertraute Person moderieren zu lassen, bis sich alle mit dem Ablauf auskennen und die Moderation auch rotieren kann. Oftmals bieten schulpsychologische Beratungsstellen eine Einführung in die Methode an und unterstützen bei ersten Terminen bis die Teilnehmenden Ablauf und Methoden ausreichend kennen gelernt haben.

Supervision

Supervision ist eine niederschwellige und prophylaktische Maßnahme, bei der – in Abgrenzung zur Kollegialen Fallberatung – berufliche Situationen und Fragestellungen mit Unterstützung eines externen Supervisors bearbeitet werden. Es geht z. B. darum:
- Belastungen zu erkennen
- Prozesse zu verstehen
- Konflikte zu analysieren und zu klären
- Lösungswege und Handlungsmöglichkeiten zu finden
- Eigene Ressourcen zu entdecken.

Supervision ist demnach ein wichtiger Bestandteil beruflicher Professionalisierung. Sie kann im Einzel- oder Gruppensetting stattfinden. Teilnehmende in einer Supervisions*gruppe* arbeiten in der Regel im gleichen beruflichen Kontext, so dass die Erfahrungen und Ressourcen der Teilnehmerinnen und Teilnehmer für den Supervisionsprozess mit einbezogen werden (Ehinger, 2016). Eine Variante der Gruppensupervision ist die Teamsupervision, bei der die Teilnehmenden Mitarbeiterinnen und Mitarbeiter der gleichen Schule sind und deren Zusammenarbeit sowie Beziehungen und ggf. Konflikte Inhalte der Supervision sein können.

Im Fokus der Supervision steht dabei die Eigenverantwortung der Teilnehmenden. Das heißt, der Supervisor bzw. die Supervisorin entscheiden nicht über richtig oder falsch, sondern die Supervisanden werden dabei unterstützt, auf Grundlage eigener Erkenntnisse zu einer individuellen Lösung oder Klärung zu kommen. Supervision findet „in einem Beratungsgespräch statt, das die selbstreflexiven Fähigkeiten von Einzelpersonen, Gruppen, Teams oder Organisationseinheiten anregt, unterstützt und nutzt" (DGSv, 2012, S. 22). Hierzu können auch andere Techniken wie Rollenspiele oder Aufstellungen verwendet werden. Diese sind abhängig vom fachlichen Hintergrund des Supervisors bzw. der Supervisorin sowie den Anliegen und Charakteristiken der Gruppe bzw. des Settings. Eine Sammlung supervisorischer Methoden zu verschiedenen Anlässen findet sich bei Ehinger und Henning (2011).

Supervisoren und Supervisorinnen haben neben ihrer universitären Ausbildung eine mehrjährige Berufserfahrung und haben zudem eine Weiterbildung als Supervisor oder Supervisorin absolviert. Neben einer hohen Fach- und Methodenkompetenz zeichnen sie sich durch eine wertschätzende Haltung, einen lösungsfokussierten und systemischen Blick sowie Neutralität aus.

Die Teilnahme an Supervision ist für die Beteiligten freiwillig. In der Regel wird zu Beginn eine Vereinbarung zwischen Supervisor bzw. Supervisorin und Supervisanden zum Ablauf und Rahmenbedingungen (z. B. Gruppengröße und -zusammensetzung, Regelmäßigkeit und Dauer der Termine) getroffen. Ein idealtypischer Ablauf einer Supervision könnte beispielsweise so aussehen (in Anlehnung an Ehinger & Henning, 2011):
- Begrüßung und Aufwärmphase
- Kurzes Blitzlicht zum aktuellen Stand und Wohlbefinden
- Sammeln von Anliegen und Festlegen einer Reihenfolge
- Bearbeitung des Anliegens
- Kurzes Rückmeldeblitzlicht zum Verlauf der Supervisionssitzung
- Verabschiedung

Supervisionsgruppen galten lange als vorurteilsbehaftet, aus Angst, zu viel von sich vor Kolleginnen und Kollegen preis zu geben und in der Folge stigmatisiert zu werden (Bauer, 2012). Dabei ist ein vertraulicher Rahmen für Supervisionsgruppen unabdingbar und die Inanspruchnahme von Supervision ist kein Merkmal von „krank sein" oder „es nötig haben". Wie Heyse (2016) betont, geht es bei Supervisionsangeboten um die Erweiterung von Handlungsalternativen in Bezug auf Alltagshandeln und nicht um die Therapie von Fehlhaltungen oder Krankheiten. Demnach gehört Supervision zur professionellen Weiterentwicklung in sozialen Berufen dazu. Dies wird zunehmend erkannt und die Akzeptanz von Supervision wächst in den vergangenen Jahren (Ehinger, 2016).

Viele schulpsychologische Beratungsstellen bieten Supervisionsangebote an. Zudem können externe Supervisoren bzw. Supervisorinnen auch über die Gesellschaft für Supervision und Coaching e. V. gefunden werden (http://www.dgsv.de/beraterinnen-suchen).

Schulpsychologische Beratung

Im Berufsalltag entstehen immer wieder auch Situationen, in denen der Blickwinkel einer anderen Profession oder eine Beratung durch jemand Neutralen hilfreich wäre. In solchen Situationen können Schulpsychologinnen und Schulpsychologen die richtigen Ansprechpartner sein. Sie verfügen über eine wissenschaftliche Hochschulausbildung in Psychologie. Auf Grundlage Pädagogischer, Klinischer, Entwicklungs- sowie Arbeits- und Organisationspsychologie beraten sie Schulen sowie Eltern und Schülerinnen und Schüler. Themen können beispielsweise schulische Entwicklung, Wohlbefinden, Schullaufbahn, Lernen und Konzentration oder soziales Miteinander sein. Die Angebote sind dabei vertraulich, kostenfrei und neutral. Schulpsychologinnen und Schulpsychologen unterliegen wie andere Psychologinnen und Psychologen auch der Schweigepflicht.

Die Arbeit der Schulpsychologie geht dabei in den Aufgabenebereichen über die Fokussierung auf den Einzelfall (z. B. einzelne problematische Schülerinnen und Schüler) hinaus. Im Berufsprofil des BDP (2015) ist neben der Beratung von Eltern und Schülerinnen und Schülern auch die Unterstützung von Schulen im Rahmen der Systemberatung verankert. Hierzu gehören u. a. Beratung bei schwierigen Klassensituationen, Mediation bei Konflikten, Unterstützung bei Gewaltprävention und schulischen Krisen, Supervisions- und Coachingangebote oder Fortbildungen. Viele schulpsychologische Beratungsstellen bieten nicht nur kompetenzorientierte Fortbildungen wie Klassen- oder Gesprächsführung an, sondern haben auch immer öfter Angebote zur Lehrergesundheit und Stressprävention im Programm.

Länder- und regionalbedingt kann es in der Arbeit und den Angeboten Unterschiede geben. Über die schulpsychologischen Beratungsstellen in der jeweiligen Region sowie deren konkrete Angebote kann man sich unter www.schulpsychologie.de informieren.

Therapeutische Unterstützung

Beratungs- und Supervisionsangebote wirken präventiv zur Vermeidung von beruflicher Belastung und Burnout. Liegen aber bereits chronische Belastungen, starke Erschöpfung oder Burnout vor, reichen beratende Angebote meist nicht mehr aus. Auch kann es schwierig werden, die Situation mit eigener Kraft zu bewältigen. Betroffene beschreiben häufig, dass sie nicht mehr genug Energiereserven übrig haben, um ihr Umfeld aktiv zu gestalten und aus sich heraus die Situation zu verändern. Oftmals sind sie schon seit längerer Zeit oder immer wieder krankgeschrieben. Dieser Zustand hat Krankheitswert und führt zu häufigen und längeren Fehlzeiten, beruflichen sowie privaten Einschränkungen und Folgeerkrankungen wie Depression, die einer Behandlung bedürfen. In dieser Situation ist es vollkommen in Ordnung und sogar äußerst ratsam, sich therapeutische Unterstützung zu holen. Hausärzte können bei der Suche nach einem passenden psychologischen Psychotherapeuten bzw. einer Psychotherapeutin unterstützen. Auch der Aufenthalt in einer psychosomatischen Reha-Klinik kann eine Möglichkeit sein, räumlichen Abstand zu gewinnen und hilfreiche Strategien zu erlernen.

4.2.5 Zeitmanagement

Der Lehrerberuf beinhaltet einige Besonderheiten, was die Arbeitsplanung anbelangt. Der Schulalltag ist geprägt von zahlreichen Aufgaben und parallel ablaufenden Tätigkeiten. Viele Lehrerinnen und Lehrer nutzen die Ruhe am heimischen Schreibtisch, um am Nachmittag Unterrichtsvorbereitungen und Klausurkorrekturen vorzunehmen. Die dadurch oft fehlende Abgrenzung zwischen arbeitsgebundener und nicht-arbeitsgebundener Zeit (siehe auch Kapitel 4.3.1) erfordert ein hohes Maß an Selbstdisziplin und ein funktionierendes Zeitmanagement. Lehrerinnen und Lehrer profitieren daher oft davon, ihr Werkzeug in Bezug auf Aufgabenplanung und Zeiteinteilung zu überprüfen und zu erweitern. Dabei geht es um den bewussten Umgang mit den zu erledigenden Aufgaben und der zur Verfügung stehenden Zeit sowie die Möglichkeit, das Verhältnis von beiden so zu gestalten, dass nicht nur die Arbeit im Rahmen der Arbeitszeit erledigt werden kann, sondern auch noch ausreichend Zeit für Erholung bleibt. Das unter Zeitdruck oftmals praktizierte Multitasking ist dabei wenig zielführend, denn die Dauerkonzentration auf mehreren Ebenen macht fehleranfällig und verringert die Chance, dass erledigte Aufgaben als Erfolge wahrgenommen werden.

Zeitanalyse und Zeittagebuch

Zeit scheint oftmals relativ und subjektiv zu sein, daher kann es hilfreich sein, die verbrachte Zeit zunächst zu objektivieren. Die Dokumentationsmöglichkeiten sind hierbei zahlreich: ein Blatt Papier, auf dem die Zeiten eingetragen werden, eine

Excel-Tabelle oder Apps und Internetplattformen. Sieland und Rahm von der Leuphana Universität in Lüneburg haben zum Beispiel ein digitales Instrument entwickelt, mit dem Lehrerinnen und Lehrer ihre Arbeitszeiten und Tätigkeiten genauer festhalten zu können. Das digitale Tagebuch steht zur persönlichen Nutzung unter www.zeittagebuch.de zur Verfügung.

Der Aufwand, für eine Woche die verbrachte Zeit aufzuzeichnen, erscheint möglicherweise zunächst hoch, kann aber wichtige Erkenntnisse bringen:
- Welche Tätigkeiten nehmen durchschnittlich wie viel Zeit in Anspruch?
- Welche Tätigkeiten sind eigentlich wichtig, haben aber kaum Platz im Alltag?
- Welche Tätigkeiten sind eigentlich unnötig, fressen aber viel Zeit (die sogenannten Zeitfresser oder auch Zeitdiebe)?
- Wie kann zur Verfügung stehende Zeit sinnvoll genutzt werden?

Zeittagebuch

Tag: _____

Tätigkeit	Beginn	Ende	Dauer

Abbildung 4.3: Beispiel für ein Zeittagebuch

Basierend auf dem Zeittagebuch lassen sich weitere Reflektionen anstellen, z. B. können Durchschnittswerte für die Woche gebildet werden. So wird deutlich, wie viel Zeit bestimmte Tätigkeiten insgesamt einnehmen oder ob die Gewichtung der einzelnen Tätigkeitsbereiche stimmig ist. Auch Zeitfresser, die in Arbeitsprozessen Aufmerksamkeit abziehen und die Effektivität von Arbeitszeit reduzieren, können so verdeutlicht werden. Typische Zeitfresser können beispielsweise sein: ungeplante Telefonate, E-Mail-Benachrichtigungen, Zeit im Internet oder vor dem Fernseher.

Prioritäten verteilen

Tragen Sie (ggf. auf Grundlage Ihres Zeittagebuchs) in die folgenden Torten ein, wie Sie prozentual gesehen Ihre Zeit verbringen. Beachten Sie dabei Arbeitszeiten, Schlaf, Sport und andere Freizeitaktivitäten, Essenszeiten, Zeiten für Haushalt und Körperpflege sowie sonstige Verpflichtungen. In den rechten Kreis können Sie eintragen, wie Ihr Ist-Zustand aussieht. Schauen Sie dann: Sind Sie zufrieden oder möchten Sie etwas ändern? Welche Tätigkeiten sollten in Zukunft eventuell mehr Zeit bekommen? Welche Tätigkeiten weniger? Auf der linken Seite können Sie Ihren Wunschzustand eintragen.

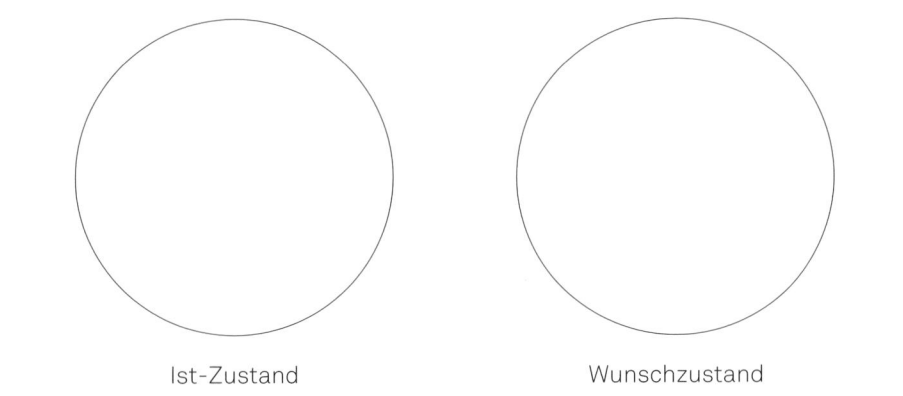

Ist-Zustand Wunschzustand

Die Eisenhowermethode

Gerade unter Zeitdruck erscheint es paradox, zunächst Zeit zu investieren, um sich einen Überblick über die zu erledigenden Aufgaben zu verschaffen. Aber wenn viele Aufgaben anstehen, kann es notwendig sein, sich zunächst einen Überblick zu verschaffen und den Aufgabenberg in kleinere Stapel zu sortieren: Welche Aufgaben stehen an? Was muss auf jeden Fall erledigt werden? Eine hilfreiche Methode ist hierbei die Eisenhowermethode, bei der Aufgaben nach Wichtigkeit und Dringlichkeit sortiert werden. Nach der Eisenhowermethode werden nicht einfach alle Aufgaben abgearbeitet, die auf dem Tisch liegen, sondern zunächst die Aufgaben in den Blick genommen, die sowohl wichtig sind als auch eine Deadline haben. Aufgaben, die wichtig sind, aber (noch) keine Deadline haben, können entsprechend auf später verschoben werden. Unwichtige, aber dringliche Aufgaben können möglicherweise delegiert werden. Für den Tag weder wichtige noch dringliche Aufgaben können erst mal ignoriert und vielleicht in weniger stressigen Zeiten erledigt werden.

	Wichtigkeit	
Dringlichkeit	**wichtig**	**nicht wichtig**
dringlich	sofort selbst erledigen	delegieren
nicht dringlich	terminieren und zu einem anderen Zeitpunkt erledigen	muss gerade nicht bearbeitet werden und kann warten

Abbildung 4.4: Aufgaben sortieren mit der Eisenhowermethode

Sogenannte To-do-Listen, die bei der Eisenhowermethode oft als Medium verwendet werden, haben nicht nur den Vorteil, eine Übersicht über die zu erledigenden Aufgaben liefern, sondern dienen auch als externer Speicher und entlasten somit das Arbeitsgedächtnis.

Bei der Eisenhowermethode wird von vielen Lehrerinnen und Lehrern oft das Delegieren als schwierig oder ungewohnt benannt. Oft wird spontan die Frage geäußert, was man denn als Lehrerin oder Lehrer überhaupt delegieren könnte. Dabei kann das Netzwerk aus Schülerinnen und Schülern, Eltern, Kolleginnen und Kollegen und anderen Mitarbeiterinnen und Mitarbeitern in der Schule durchaus Unterstützung und Entlastung bieten. So kann beispielsweise der Elternsprecher bzw. die Elternsprecherin der Klasse das Geldeinsammeln für das nächste Schülerfest übernehmen oder starke Schülerinnen und Schüler können in Arbeitsphasen als „Helferkinder" beim Erklären von Aufgaben unterstützen.

Delegation von Aufgaben

1. Welche Aufgaben sind Ihnen wichtig, so dass Sie sie lieber alleine erledigen?
2. Welche Aufgaben könnten Sie genauso gut an jemand anderen abgeben?
3. Wer wäre hierfür ein geeigneter Ansprechpartner?

Die 50-30-20-Regel

Bei der Zeitplanung sollte neben den zu erledigenden Aufgaben immer auch Zeit für Unvorhergesehenes vorhanden sein, da es zu spontanen Zwischenfällen kommen kann und die eigene Leistungsfähigkeit über den Tag schwankt. Als Faustregel gilt die 50-30-20-Regel: 50 % der Arbeitszeit sollten für die eigentlichen Aufgaben zur Verfügung stehen, 30 % sind Puffer für Unvorhergesehenes und 20 % sind Puffer für Pausen, Unterbrechungen und um sich in die Aufgabe einzuarbeiten.

Das Pareto-Prinzip

Ein weiterer Schritt des Zeitmanagements ist das Hinterfragen der eigenen Ansprüche. Das Pareto-Prinzip besagt, dass man in nur 20 % der Zeit schon 80 % der Aufgabe erledigt hat. Das heißt, dass man mit dem größten Teil der Arbeit eigentlich schnell fertig und die meiste Zeit mit dem Feinschliff beschäftigt ist. Nachdem die Aufgabe soweit erledigt ist, sollte man sich also fragen: Kann ich mich mit dem bisherigen Resultat zufriedengeben? Kann und möchte ich mir noch Zeit für den Feinschliff nehmen? Wenn ja: Möchte ich den Feinschliff jetzt vornehmen? Der Unterschied ist der, dass man sich bewusst entscheidet, ob man doch etwas mehr Zeit für eine Aufgabe investiert. Damit verbunden ist die Reflexion des eigenen Anspruches: Eine Aufgabe muss nicht immer zu 100 % erledigt werden. Oftmals reichen 80 % und gerade in stressigen Phasen darf man sich das auch zugestehen. Natürlich gibt es Aufgaben, die größere Sorgfalt erfordern. Für diese sollte dann von Vorneherein mehr Zeit eingeplant werden.

Zielsetzung und Abgrenzung

Dass der Lehrerberuf ein Beruf mit vielfältigen Aufgaben ist, wurde bereits deutlich. Insbesondere Menschen in sozialen Berufen laufen zusätzlich Gefahr, sich für die Angelegenheiten anderer verantwortlich zu fühlen (Heyse, 2011) und somit zahlreiche andere Aufgaben zu übernehmen, die sie eigentlich nicht erledigen müssten. Eine realistische Zielsetzung und Distanzierungsfähigkeit ist für den Lehrerberuf daher eine wichtige Kompetenz. Wie Schaarschmidt (2004) aufzeigt, sind Lehrerinnen und Lehrer mit einem gesundheitsförderlichen Verhaltensmuster dadurch charakterisiert, beruflich engagiert zu sein und sich dennoch distanzieren zu können.

Werden Ziele so gewählt, dass sie schaffbar sind, wird die Gefahr einer Überbelastung reduziert, das Zeitmanagement verbessert und auch die Möglichkeit für Erfolge gesteigert. Daher ist es sinnvoll, die eigenen Ansprüche zu hinterfragen, die eigenen Ziele und Aufgaben (sowohl für den kommenden Arbeitstag als auch langfristig auf das Schuljahr gesehen) realistisch zu setzen sowie Kosten und Nutzen gegeneinander abzuwägen.

Kosten-Nutzen-Analyse

- Wie viele Aufgaben/Projekte verfolge ich (am nächsten Arbeitstag, diese Woche, in diesem Schuljahr)?
- Fällt die Aufgabe in meinen Zuständigkeitsbereich? Wer ist ggf. sonst zuständig?
- Habe ich noch Kapazität für eine weitere Aufgabe?
- Wie langwierig ist die Aufgabe? Wie viel Arbeitsaufwand benötigt sie?

- Welche zusätzlichen Kosten habe ich durch die neue Aufgabe? Was habe ich an Nutzen?
- Ist die Kosten-Nutzen-Relation so attraktiv, dass ich bereit bin, dafür etwas mehr zu leisten?
- Wenn ich diese Aufgabe übernehme, was muss ich dafür leisten? Was muss dafür ggf. wegfallen?
- Wenn ich die Aufgabe gerne übernehmen möchte, es aber aktuell zeitlich nicht schaffen kann: Ist es ggf. möglich, die Aufgabe auf einen späteren Zeitpunkt zu terminieren?

Sind die Kosten höher als der Nutzen, ist es auch mal nötig, sich von Aufgaben, Ansprüche und Anfragen, die von außen an einen herangetragen werden (sei es vom Kollegium, von Eltern, Schülerinnen und Schülern oder im Freundes- und Familienkreis) abzugrenzen. „Nein" sagen kann dabei schwer fallen – insbesondere, wenn es ein innerer Antreiber ist, dass man es allen recht machen möchte. Es fällt leichter, wenn man

- sich mit den eigenen Bedürfnissen und Zielen auseinandergesetzt hat (siehe Kapitel 4.1.1) und diese ernstnimmt,
- sich der Kosten einer zusätzlichen Aufgabe bewusst wird,
- um eine Bedenkzeit bittet oder
- eine Alternative anbietet.

Zum Weiterlesen:

Oppolzer, U. (2014). *Zeitmanagement im Lehrerberuf. Effektive Strategien für einen organisierten (Schul-)Alltag.* Mülheim an der Ruhr: Verlag an der Ruhr.

Fazit

Im Berufsalltag von Lehrerinnen und Lehrern sind viele unterschiedliche Kompetenzen gefragt. In machen Kompetenzbereichen fühlt man sich vielleicht sicherer als in anderen. Gerade die Kompetenzbereiche, in denen wir uns weniger sicher und selbstwirksam erleben, können oft ein hohes Stresspotenzial mit sich bringen. Die effektivste Möglichkeit, hier den Stress zu reduzieren, ist es, sich für diese schwierigeren Situationen mit dem passenden Handwerkszeug zu wappnen. Im Austausch mit Kolleginnen und Kollegen oder durch das Nutzen von außerschulischen Unterstützungsangeboten kann das eigene Handlungsrepertoire erweitert werden. Auch das Selbststudium mit entsprechender Fachliteratur oder aber das Besuchen einer Fortbildung kann Anregungen für das eigene pädagogische Handeln geben. Je besser ausgestattet der eigene Methodenwerkzeugkoffer ist, desto selbstwirksamer und stressfreier kann schwierigen Situationen im Berufsalltag begegnet werden.

4.3 Work-Life-Balance

Bislang haben wir uns ausschließlich mit beruflichen Anforderungen und der Gestaltung von Arbeitszeit beschäftigt. Ein wichtiger Baustein für die Gesundheit und das Wohlbefinden ist allerdings auch die Erholungszeit. Ausreichend Zeit für Hobbys, Freunde und Müßiggang sowie ausreichend Schlaf ist nicht nur wichtig, um sich in stressigen Phasen ausreichend zu regenerieren und neue Kräfte zu sammeln, sondern macht auch ein großes Stück Lebensqualität aus. Für das persönliche Wohlbefinden ist beides daher unabdingbar. Gleichzeitig werden Erholungsaktivitäten und Schlaf leider oft als erstes gestrichen, wenn viele Aufgaben bevorstehen oder der Terminplaner eng ist. Die Tatsache, dass viele Lehrerinnen und Lehrer auch von zuhause arbeiten, erschwert es zusätzlich, regelmäßige Zeit für Erholung einzurichten und somit für die notwendige Regeneration zu sorgen. Im Folgenden gehen wir daher darauf ein

- wie ein Wechsel von der Arbeits- in die Erholungszeit gut gelingen kann,
- wie räumliche und gedankliche Distanz zu arbeitsbezogenen Themen in der Freizeit entsteht,
- welche Möglichkeiten der Pausengestaltung es während der Schulzeit gibt,
- welche Erholungsaktivitäten wirklich erholsam sind,
- warum es wichtig ist, soziale Netzwerke zu pflegen,
- welche Rolle Schlaf für die Erholung spielt und
- welche verschiedenen Entspannungstechniken man erlernen kann.

4.3.1 Von der Arbeit in die Erholung

Für viele ist die flexible Zeiteinteilung im Lehrerberuf ein attraktiver Aspekt. Gleichzeitig ist sie eine Medaille mit zwei Seiten. Während andere Arbeitnehmerinnen und Arbeitnehmer mit einem 9-to-5-Job ihre Erholungszeiten und andere Aktivitäten auf die Zeit vor neun und nach siebzehn Uhr legen müssen, können sie dafür aber auch um siebzehn Uhr den Stift fallen lassen und haben Feierabend. Im Lehrerberuf (und gleichermaßen in anderen Berufen, die eine flexiblere Arbeitsgestaltung ermöglichen) erfordert es ein erhöhtes Maß an Selbstdisziplin, sich die zu erledigenden Aufgaben aufzuteilen, Arbeitszeiten festzulegen und insbesondere den Wechsel von der Arbeit in die Erholung zu schaffen. Die Tatsache, dass es im Nachmittagsbereich oft keine räumliche Trennung von Arbeit und Erholung gibt, kann den Wechsel von einem in den anderen Modus zusätzlich erschweren.

Arbeitszeiten festlegen

Zunächst kann es eine Orientierung bieten, die eigenen Arbeitszeiten in einem gewissen Rahmen festzustecken. Ansonsten besteht die Gefahr, dass man „arbeitet, bis man fertig ist" – und das ist schwierig, denn man wird wahrscheinlich nie mit allem fertig sein. Das subjektive Gefühl „fertig zu sein", ist oft erst spät oder nie erreicht. Gelernte gesellschaftliche Introjekte wie „Erst die Arbeit, dann das Vergnügen" oder „Ohne Fleiß kein Preis" können das Beenden der Arbeit – obwohl noch To-dos auf der Liste stehen – schwierig machen. Zeitkontingentes Arbeiten kann daher helfen, zu erledigende Aufgaben entsprechend der zur Verfügung stehenden Zeit zu strukturieren und einen Endpunkt zu finden. Im Zweifelsfall lässt sich auch der Wecker auf den Feierabend einstellen, sodass man ein von außen gesetztes Zeichen hat. Festgelegte Arbeitszeiten haben zudem den Vorteil, dass andere Personen z. B. Familienmitglieder, Kollegen oder Eltern sich darauf einstellen können, wann man in welchem Modus erreichbar und ansprechbar ist.

Distanzierung und Feierabendrituale

Nach getaner Arbeit kann man nicht so einfach in den neuen Modus umschalten. Oft kreisen die Gedanken noch um arbeitsbezogene Themen und es lässt sich nicht richtig abschalten. Cropley et al. (2006) haben gezeigt, dass je größer der erlebte Stress am Tag war, desto mehr Zeit wird für die Distanzierung benötigt. Bestimmte Feierabendrituale können helfen, die Distanzierung zu erleichtern:
- den Feierabend mit einem Kaffee einläuten,
- eine Dusche oder ein Bad nehmen,
- eine bestimmte Musik auflegen oder
- die Kleidung wechseln.

Ist der Feierabend eingeläutet, können jegliche Arbeitsreize die Distanzierung erschweren oder gedanklich in den Arbeitsmodus zurückbringen. Materialien, die an Arbeit erinnern und die Aufmerksamkeit wieder auf sich ziehen könnten, sollten daher aus dem Sichtfeld geräumt werden (z. B. in ein separates Arbeitszimmer oder in einen Schrank mit Türen, der für Arbeitsmaterialien reserviert ist). Es bietet sich an, einen extra E-Mail-Account für arbeitsbezogene Emails einzurichten, die zu bestimmten Zeiten *nicht* mehr abgerufen werden. Auch für Telefonate mit Eltern können feste Zeiten, in denen man telefonisch erreichbar ist, abgesprochen werden oder ebenfalls ein eigenes Handy für berufliche Kontakte angeschafft werden, das ab einer bestimmten Zeit einfach ausgeschaltet werden kann.

Grübeln am Feierabend

Viele Lehrerinnen und Lehrer berichten, dass Sie zwar rechtzeitig Feierabend machen, dann aber nicht abschalten können, weil sie gedanklich weiter bei der Arbeit sind. Beim Grübeln werden aktuelle Probleme und Sorgen in endlosen Gedankenschleifen immer wieder durchgegangen. Grübeleien konzentrieren sich dabei oft auf vergangene Ereignisse (z. B. Situationen, die anders oder „besser" hätten gelöst werden müssen) oder zukünftige Herausforderungen (und ggf. damit verbundene katastrophisierende Vorstellungen und Sorgen). Indem diese Ereignisse gedanklich durchgespielt werden, entsteht die Illusion, sich aktiv mit dem Problem zu beschäftigen. Grübeleien sind aber in der Regel nicht lösungsfokussiert und führen lediglich zu einem Anstieg von Anspannung und Stress. Positive Gedanken oder Handlungen können durch die fehlende Distanzierung zum Problem nicht durchgeführt werden, was wiederrum die Chancen auf Erholung verringert. Auch Schlafstörungen können eine Folge des Grübelns sein.

Wege aus dem Grübeln

Um aus dem Grübeln herauszukommen, müssen Sie zunächst mitbekommen, dass Sie in einer Grübelschleife gefangen sind. Wenn Sie sich gedanklich mit einer Situation beschäftigen, können Sie sich fragen:
- Kommen Sie einer Lösung des Problems näher?
- Sind Ihre Gedanken konstruktiv und lösungsorientiert?

Wenn Sie merken, dass Sie sich gedanklich im Kreis drehen und einer Lösung dabei nicht näher kommen, sollten Sie versuchen, den Grübelkreislauf zu unterbrechen:
- Denken Sie lösungsorientiert und versuchen Sie, einen Plan für die Situation zu entwerfen, z. B.: Wie können Sie an die bevorstehende Situation herangehen? Oder wenn die Situation in der Vergangenheit liegt: Wie möchten Sie zukünftig mit dieser Situation umgehen? Schreiben Sie Ihren Plan auf. Wenn Sie nichts mehr hinzufügen können, sind Sie fertig. Gehen Sie einer anderen Aktivität nach. Kommen die Gedanken danach wieder, können Sie sich mit gutem Gewissen sagen, dass Sie sich mit diesem Problem bereits auseinandergesetzt und schwarz-auf-weiß einen Plan entworfen haben. So fällt es leichter, die Grübelgedanken loszulassen.
- Halten Sie einen Notizzettel oder ein kleines Notizbuch bereit – insbesondere, wenn Grübeleien Sie abends im Bett nicht loslassen. Wenn Sie grübeln, stehen Sie kurz auf und notieren Sie Ihre Gedanken. Sagen Sie sich dann, dass die umtriebigen Gedanken Ihnen jetzt nicht mehr verloren gehen können, da sie aufgeschrieben sind, und Sie sich morgen mit dem Problem beschäftigen werden.
- Richten Sie eine Grübelzeit ein, in der Sie sich mit Ihren Problemsituationen auseinandersetzen. Kommen Ihnen tagsüber oder nachts grübelnde Gedanken, können Sie diese (ggf. aufschreiben und) mit einem sicheren Gefühl auf die festgelegte Zeit vertagen. Möglicherweise machen Sie dann die Erfahrung, dass die Situationen, die Sie gequält haben, einen Tag später gar nicht mehr so drückend sind.
- Versuchen Sie sich mit einer positiven Tätigkeit abzulenken oder eine Entspannungstechnik anzuwenden, um Ihre Gedanken zu beruhigen und sich auf sich zu besinnen.

4.3.2 Erholung

Stress und gesundheitliche Belastungen können nur dann gut bewältigt werden, wenn nach der Anspannung, die durch Stress entsteht, auch eine Entspannung folgt. Gerade in stressigen Phasen sollte man sich daher Zeit für Erholung reservieren. Möglicherweise versucht man, den Schulalltag durchzustehen, in der Hoffnung, sich in den Schulferien regenerieren zu können. Dieses „Durchhalten" ist aber häufig mit hohen persönlichen Kosten wie einer reduzierten Lebensqualität verbunden, die sich nicht durch die Erholung in den unterrichtsfreien Zeiten ausgleichen lässt. Um das (berufliche) Wohlbefinden und die Gesundheit langfristig zu steigern, ist es daher sinnvoller, Strategien zu entwickeln, die regelmäßig im Alltag das Ausmaß an Belastungen reduzieren und den Grad an Erholung erhöhen. Hillert et al. (2016) benennen dabei drei Erholungsmodalitäten:
- Erholung während der Arbeit/Pausen,
- Urlaub,
- Feierabend, Wochenende, Schlaf.

Wobei der Urlaub in seiner langfristigen Erholungseffizienz überschätzt wird. Die meiste Erholungszeit findet am Feierabend und an den Wochenenden statt.

Pausenzeiten nutzen

Gerade in stressigen Phasen passiert es schnell, dass die eigenen Bedürfnisse oder erste Anzeichen von Überlastung übersehen werden. Erst abends wird bemerkt, dass das Mittagessen nicht gegessen oder zu wenig getrunken wurde. Regelmäßige Pausen sind wichtig. Es müssen keine einstündigen Pausen sein (wobei gegen diese natürlich auch nichts einzuwenden ist). Schon zehn bis fünfzehn Minuten reichen aus, um den Kopf frei zu bekommen. Dabei ist es lediglich wichtig, dass die Tätigkeit in der Pause eine andere Qualität hat als die, die eigentlich gerade ausgeführt wird. Nach viel Kommunikation wäre beispielsweise eine ruhige Pause notwendig, in der nicht oder nur wenig gesprochen wird. Nach einer Arbeit am PC könnte es sinnvoll sein, sich vom Computer zu entfernen und sich zu bewegen.

Problematisch ist bloß, dass die Pausen im Schulalltag oftmals keine Pausen sind. Ähnlich wie beim Wechsel von der Arbeits- in die Erholungszeit ist ein größeres Maß an Selbstorganisation und im Schulgebäude auch an gesunder Abgrenzung notwendig, um Pausen erholsam gestalten zu können.

Strategien für mehr Pausen im Schulalltag können sein:
- Nach Möglichkeit einen ruhigen Ort aufsuchen (Räumlichkeiten in der Schule oder in unmittelbarer Nähe nutzen)

- Spazieren gehen
- Tür-und-Angel-Gespräche vermeiden, Anfragen von Kollegen auf später terminieren
- Arbeitsabläufe so organisieren, dass Unterrichtsmaterial nicht in den Pausen kopiert werden muss
- Kaffee bewusst trinken/Pausenbrot bewusst essen

Auch die Dosierung und Reduzierung des Energielevels über den Tag kann zu einer Entschleunigung und einem Abbau von Stresshormonen führen:
- Kleine Atemübungen vor dem Unterricht (z. B. Bauchatmung, Bodyscans)
- Frei- und Stillarbeiten nutzen
- Mit den Schülerinnen und Schülern Entspannungsübungen und Fantasiereisen ritualisieren

Viele Lehrerinnen und Lehrer berichten, nach dem Unterrichtsalltag zuhause erst mal einen kleinen Mittgasschlaf zu halten, bevor sie sich wieder an den Schreibtisch setzen. So ein Mittagsschlaf entspricht tatsächlich einem biologischen Bedürfnis. Der Körper hat am Mittag eine zweite Ruhepause eingebaut, die sich bei den meisten gegen 14 Uhr als „Mittagstief" zeigt (Zulley, 2005). In dieser Zeit sind die meisten Menschen leistungs*un*fähiger, schlapper und fehleranfälliger. Diese Erkenntnis hat zum Trend des Powernappings geführt. Tatsächlich kann ein kurzer Mittagsschlaf Konzentration und Wohlbefinden wieder steigern. Nach 30 Minuten beginnt allerdings die erste Tiefschlafphase, aus der das Wachwerden schwerer fällt. Daher sollte ein Mittagsschlaf immer kürzer ausfallen.

Erholungsaktivitäten

Was macht man eigentlich in seiner freien Zeit? Das ist eine entscheidende Frage, denn die Art der Erholungsaktivität hat einen großen Einfluss auf die Erholungseffizienz. Wichtig ist: die Tätigkeiten, die zur Erholung gemacht werden, sollten gut tun. Wird ein Gymnastikkurs ausschließlich besucht, weil der Hausarzt es empfohlen hat, ist er weniger erholsam, als wenn man wirklich Spaß an der Bewegung findet.

Optimaler Weise haben wir verschiedene Erholungsaktivitäten in unserem Repertoire: solche, die entspannen und solche, die aktivieren. Ein Abend auf der Couch, ein Sauna-Besuch oder ein Bad können dem Körper helfen, neue Kräfte zu tanken. Besteht das Erholungsrepertoire allerdings lediglich aus passiveren Arten der Erholung, kann sich ein Gefühl der Leere einstellen, da die Aktivierung fehlt (Hillert et al., 2016). Um sich gut zu erholen, sind daher auch anregende Tätigkeiten wichtig, zum Beispiel Sport, ein Malkurs oder eine Verabredung mit Freunden. Bei anregenden Tätigkeiten können neue Ideen gewonnen, Anregungen gefunden und Distanz geschafft werden.

Was tut Ihnen gut?

Denken Sie an eine stressige Phase, eine arbeitsreiche Woche oder eine erfolgreich bewältigte Aufgabe. Welche Erholungsaktivitäten würden Ihnen gut tun? Was würde Sie entspannen oder Ihnen neue Anregungen und Inspirationen geben? Was haben Sie vielleicht in der Vergangenheit nach solchen stressigen Phasen gemacht, das Ihnen gut getan hat, aber möglicherweise in Vergessenheit geraten ist. Vielleicht gibt es auch Orte, die Sie gerne aufsuchen, um neue Kraft zu tanken?

Erholsame Tätigkeiten

1. _____
2. _____
3. _____
4. _____
5. _____

Erholsame Orte

1. _____
2. _____
3. _____
4. _____
5. _____

Überlegen Sie:
- Was hat schon einen regelmäßigen Platz in Ihrem Alltag?
- Was möchten Sie zukünftig mehr in Ihren Alltag einbauen?
- Was müssen Sie ggf. dafür tun, um Ihre Erholungsquelle in den Alltag einbauen zu können (z. B. Zeit frei schaufeln, einen Kurs buchen, einen Babysitter organisieren)?

Erholsame Aktivitäten oder der Besuch erholsamer Orte sollten einen regelmäßigen Platz finden. Feste Zeiten und Routinen können es erleichtern, dem Erschöpfungsschweinehund („Ich würde ja gerne zum Sport, aber ich bin so müde.") vorzubeugen und auch in stressigen Phasen erholsame Aktivitäten einzuplanen. Ebenso können soziale Verpflichtungen, wie der Besuch des Sportkurses mit einer Freundin, helfen, verabredete Zeiten zur Erholung wahrzunehmen.

Soziale Kontakte pflegen

Wie bereits in Kapitel 4.2.4 dargestellt, sind Soziale Netzwerke und die dadurch erfahrbare soziale Unterstützung, eine wichtige Ressource, um mit belastenden Situationen umzugehen. Das Zusammensein mit Vertrauenspersonen kann bei jeglicher Art von emotionaler Verstimmung eine Entlastung darstellen (Peter & Peter, 2013). Problematisch ist aber, dass Stress und die daraus entstehende Erschöpfung zunächst eher dazu führt, sich sozial zurückzuziehen.

Gerade in Stresssituationen ist daher die Pflege von sozialen Kontakten wichtig, auch wenn es zunächst Energie zu kosten scheint, wenn man nach einem Arbeitstag erschöpft ist. Der Energieaufwand ist – ähnlich wie bei den Erholungsaktivitäten – eher eine Investition, die sich langfristig mit mehr Kraftgewinn und einem größeren Wohlbefinden auszahlt. Der Austausch mit anderen ermöglicht es, neue Perspektiven und Lösungen zu finden. Familie und Freunde können möglicherweise die passenden Worte finden, wenn es in einer stressigen Phase mal nicht gelingt, geduldig und wohlwollend mit sich umzugehen. Aber auch für den Partner oder die Freunde kann es eine wichtige Information sein, zu erfahren, welche Sorgen oder Probleme es aktuell im Alltag gibt, um entsprechend mit Verständnis oder Unterstützung reagieren zu können. Zeit mit den richtigen Personen um sich herum regt zudem an und stärkt den Selbstwert.

Die richtige Gesellschaft

Nicht jede Person ist für jede Situation der passende Kontakt. Soziale Kontakte und deren Wirkung auf unser Wohlbefinden können sehr unterschiedlich sein. Manchmal kosten soziale Kontakte mehr Kraft, als dass sie Kraft geben. Unterschiedliche Bezugspersonen können daher für unterschiedliche Situationen die passenden sein.

Situation	Bezugsperson
Trost und Verständnis	
Rat und Unterstützung	
Spaß	
Sport und Bewegung	
Kino, Theater oder Konzerte	
Aktivitäten in der Natur	
Kreative Tätigkeiten, Handwerken	
…	

(In Anlehnung an Peter & Peter, 2013, S. 83).

Schlaf

Schlaf ist ein Grundbedürfnis des Menschen und eine unverzichtbare Quelle der Regeneration und der Erholung. Mit durchschnittlichen sieben Stunden Schlaf pro Tag kommen aufs Leben hoch gerechnet 25 Jahre Schlaf zusammen (Zulley, 2005). So viel zu schlafen ist sinnvoll, denn nachts regeneriert, repariert und erholt sich der Körper. Insbesondere in belastenden und stressigen Phasen braucht der Körper ausreichend Schlaf, um mit den Belastungen des Tages umgehen zu können. Dabei durchläuft der Körper unterschiedliche Schlafphasen:
- Schlafstadien 1 und 2, in denen der Schlaf leichter ist
- Stadium 3, das als *leichter Tiefschlaf* bezeichnet wird
- Stadium 4, der Tiefschlaf
- Traumschlaf oder auch REM-Schlaf

Diese fünf Phasen wechseln sich über die Nacht ab. Eine durchschnittliche Nacht mit sieben Stunden Schlaf hat zwei bis drei Tiefschlafphasen in der ersten Nachthälfte. In der zweiten Nachthälfte wird der Schlaf leichter. Alle 90 Minuten werden die Schlafphasen durch die Traumschlafphasen unterbrochen, welche dann in der zweiten Phase der Nacht länger werden.

In der zweiten Nachthälfte wird das Hormon Kortisol ausgeschüttet, was uns normalerweise darauf vorbereitet, wach zu werden, indem es den Blutzuckerspiegel sowie den Eiweißumsatz erhöht und den Stoffwechsel aktiviert. Fatalerweise wird auch durch Stress Kortisol ausgeschüttet. Zulley (2005, S. 61) bezeichnet Kortisol daher zurecht als „Gegenspieler unseres erholsamen Schlafs": Wird zu viel Kortisol ausgeschüttet, schlafen wir schlechter und wachen häufiger auf. In der ersten Nachthälfte verhindert zu viel Kortisol im Blut daher einen erholsamen und regenerativen Schlaf. Um gut schlafen zu können, sollte der Stresspegel demnach von vornherein nicht all zu hoch sein. Insbesondere in stressigen Phasen sind daher mehrere kleine Ruhezeiten am Tag sowie ausreichender Schlaf in der Nacht eine notwendige Voraussetzung dafür, dass Stress nicht langfristig gesundheitliche Auswirkungen oder Schlafstörungen zur Folge hat.

Um den Körper am Abend auf den bevorstehenden Schlaf einzurichten und leichter in den Schlaf zu finden, kann ein Schlafritual helfen, das ca. 30 Minuten vor der eigentlichen Zu-Bett-Geh-Zeit eingeläutet wird (z. B. etwas lesen, Tagebuch schreiben, Licht dimmen, Zähne putzen). Weitere Maßnahmen zur Schlafhygiene können sein:
- Regelmäßige Zu-Bett-Geh- und Aufsteh-Zeiten
- Verzicht auf Alkohol und größere Mengen Essen vor dem Schlaf (hungrig oder durstig sollte man allerdings auch nicht ins Bett gehen)
- Nicht mehr als 30 Minuten Mittagsschlaf halten

- Das Bett ausschließlich als Schlafzone nutzen
- Bei nächtlichen Grübeleien aufstehen, nicht im Bett grübeln (siehe Kapitel 4.3.1)
- Für eine angenehme Schlafatmosphäre sorgen (Lichtverhältnisse, Temperatur und Matratzenqualität)

4.3.3 Entspannungstechniken

Neben passenden Erholungsaktivitäten und ausreichend Schlaf können auch Entspannungstechniken helfen, Anspannungen abzubauen. Anspannung wirkt sich in der Regel immer auch körperlich aus. In Stresssituationen spannen Menschen – und auch Tiere – instinktiv die Muskulatur an, um sich zu schützen und schnell reagieren zu können. Eine typische Schutzhaltung des Körpers ist es, die Schultern hochzuziehen und den Rücken zu krümmen, um die verletzlichsten Körperbereiche, den Hals, das Herz und den Bauch, zu schützen. Wenn Menschen sich über längere Zeit in einer angespannten Situation befinden und nicht für muskuläre Entspannung sorgen, kann das zu Spannungsschmerzen führen. Durch die gekrümmte Körperhaltung wird die Sauerstoffzufuhr verschlechtert. In Stresssituationen ist es außerdem ein angeborenes physiologisches Reaktionsmuster, flach und schnell zu atmen. Unser Zentrales Nervensystem überprüft ständig unser vegetatives Nervensystem auf beispielsweise Spannungszustände der Muskeln: Sind sie angespannt, steigt das Adrenalin, das Herz schlägt schneller und der Blutdruck steigt. Das Stresslevel steigt damit weiter an.

Entspannungstechniken können helfen, den negativen Kreislauf aus Stress und Anspannung zu regulieren. Der Adrenalinspiegel sinkt ab und der Körper beruhigt sich. Aber auch die Distanzierung von belastenden Gedanken kann durch Entspannung besser gelingen.

Möglichkeiten und Techniken der Entspannung sind zahlreich. Wer welche Übung für sich als hilfreich erlebt, ist sehr unterschiedlich und kann nur durch ausprobieren erfahren werden. Sinnvoll ist es, Übungen, die angenehm und hilfreich erscheinen, zu üben, um sie in stressvollen Situationen parat zu haben, zu erinnern und durchführen zu können.

Im Rahmen der Primärprävention und betrieblichen Gesundheitsförderung nach den §§ 20 und 20a des fünften Buches des Sozialgesetzbuches (SGB V) bezuschussen Krankenkassen Maßnahmen, welche Risiken vorbeugen und die Gesundheit fördern. Hierzu gehören auch Entspannungstrainings, deren Wirksamkeit belegt wurde (GKV-Spitzenverband, 2014), nämlich: Autogenes Training, Progressive Muskelentspannung, Hatha Yoga, TaiChi und Qigong.

Autogenes Training

Autogenes Training ist in Europa eines der bekanntesten Entspannungsverfahren und wurde in den 1990er Jahren vom Psychiater J. H. Schultz entwickelt, nachdem er beobachtete, dass seine Patienten in der Lage waren, durch Autosuggestionen körperliche Unruhen und Beschwerden wie Verspannungen zu reduzieren („Mein rechter Arm ist schwer", „Mein rechter Arm wird warm"). Entsprechende physiologische Empfindungen wie Wärme oder Schwere werden hervorgerufen, die physiologisch sogar messbar sind (Vaitl, 2014) und entspannend wirken.

Progressive Muskelentspannung

Die Progressive Muskelentspannung wurde in den 1920er Jahren durch den Physiologen Edmund Jacobson entwickelt und später durch Wolpe und andere weiterentwickelt (Hamm, 2014). Bei der Progressiven Muskelentspannung werden die Muskeln der einzelnen Körperregionen nacheinander für eine kurze Zeit (1–2 Minuten) angespannt und danach für eine längere Phase (3–4 Minuten) entspannt. Der Wechsel von Anspannung hin zur Entspannung wird dabei bewusst wahrgenommen. Durch die muskuläre Entspannung, die durch die Übung erfolgt, werden insbesondere Verspannungen der Schulter-Nacken-Partie sowie Spannungskopfschmerzen reduziert (ebnd.).

Hatha Yoga

Hatha Yoga ist eine körperbezogene Form des Yoga. Sie entstand im 8. Jahrhundert in Nordindien und erhielt Ende des 20. Jahrhunderts Einzug und steigende Popularität in Europa. Körperliche Übungen (Asanas) werden beim Hatha Yoga mit Atemübungen (Pranayama) kombiniert. Die Asanas steigern dabei die körperliche Stabilität, während die Atemregulation innerlich beruhigt und entspannt. Somit kann Hatha Yoga durch die Balance aus Körper- und Atemübung zur Zentrierung und Achtsamkeitssteigerung beitragen (Trökes, 2010).

TaiChi und Qigong

TaiChi sowie Qigong sind chinesische Bewegungskünste, bei denen durch langsame fließende Bewegungen und Atemübungen der Körper gestärkt wird und meditative Zustände erreicht werden können. Die Energie des Körpers wird dabei durch die eigene Vorstellungskraft gesteuert. Während TaiChi als Kampfkunst mehr Bewegung erfordert, wird Qigong häufig mit weniger Bewegung im Stehen oder Sitzen praktiziert. TaiChi und Qigong haben jeweils positive Effekte auf Gesundheit, Entspannung und Wohlbefinden (Jahnke et al., 2010; Wang et al., 2010).

Atemübungen

Neben den größeren Entspannungsverfahren gibt es auch kleinere Methoden, für Entspannung zu sorgen. Atemübungen sind dabei praktisch, da sie oft leicht durchzuführen sind und man dafür nicht viel mehr braucht als den Atem (den man praktischerweise immer dabei hat).

Bei der *Bauchatmung* wird beispielsweise eine Hand unterhalb des Bauchnabels aufgelegt und tief ein- und ausgeatmet. Das Vorstellungsbild für die Übung ist, dass der Bauch ein Luftballon sei. Bei der Einatmung wird versucht, den Luftballon aufzupusten. Bei der Ausatmung strömt die Luft wieder auf dem Ballon heraus und der Ballon schrumpft. Diese Atmung wird mehrfach wiederholt. Der Brustkorb bleibt während der Übung flach.

Eine weitere Möglichkeit ist es, *Atmen mit Zählen* zu verbinden. Hierfür wird der eigene Atem zunächst für einen Moment beobachtet, ohne ihn zu verändern. Dann wird der eigene Atemrhythmus gezählt (z. B.: Einatmen: 1 – 2 – 3, Ausatmen: 1 – 2 – 3). Manche Menschen stoppen zwischen der Ein- und Ausatmung einen kurzen Moment. Sollte dies so sein, wird die Pause ebenfalls mitgezählt. Der Atemrhythmus kann dann verändert, z. B. verlängert werden (z. B. Einatmen: 1 – 2 – 3 – 4, Ausatmen: 1 – 2 – 3 – 4, usw.). Hierdurch wird die Atmung tiefer, was insbesondere in Stresssituationen entlastend und beruhigend wirken kann.

Meine Wege, mich zu entspannen

Entspannungsverfahren können hilfreich sein und bei regelmäßigem Üben schnell zu einer Entspannung führen. Aber auch lesen, ein Bad nehmen oder Sport können eine entspannende Wirkung haben. Sicherlich haben Sie in Ihrem Alltag bereits eigene Wege der Entspannung für sich gefunden:

_____

_____

_____

_____

Bauen Sie diese regelmäßig in Ihren Alltag ein, um sich etwas Gutes zu tun und sich gerade in stressigen Zeiten regenerieren und sammeln zu können. Kleinere Entspannungssequenzen wie beispielsweise Atemübungen können auch an Pausen zwischen den Schulstunden, an Konferenzen oder den Schulweg gekoppelt werden.

> **Fazit**
>
> Regelmäßige Erholungszeiten – nicht nur im Urlaub, sondern auch im Schulalltag, am Feierabend, im Schlaf und an den Wochenenden – sollten nichts sein, was man sich mal gönnt, sondern etwas, wofür man sich täglich Zeit nimmt. Insbesondere in stressigen Phasen sind sie eine wichtige Quelle für Regeneration und Kraft. Erholung hält aber nicht nur gesund und verhindert Anspannung. Sie macht auch ein hohes Maß an Lebensqualität und Zufriedenheit aus. Schließlich lebt niemand ausschließlich, um zu arbeiten. Die eigenen Hobbys und die eigene Muße sollten daher ausreichend Raum haben.

4.4 Gesundheit im Schulsystem

Obgleich Gesundheit von vielen individuellen Aspekten geprägt ist, liegen bestimmte Arbeitsbelastungen außerhalb der Einflussmöglichkeiten des Einzelnen und können nur auf der Systemebene angegangen werden. Hierzu gehören beispielsweise Kommunikationsprozesse innerhalb des Kollegiums, Konferenzzeiten, räumliche Ausstattung, Stundenplangestaltung und die Verteilung von zusätzlichen Aufgaben.

Da Stress und Burnout negative Konsequenzen für Unterricht sowie Lehrer-Schüler-Interaktionen haben (siehe Kapitel 2), ist es wichtig und notwendig, dass das Thema Gesundheit auch an Schulen ausreichend Aufmerksamkeit bekommt und zum Gegenstand von Schulentwicklungsprozessen gemacht wird. Die Förderung der Lehrergesundheit gilt als zentraler Prozess der Schulentwicklung, denn gesunde Lehrerinnen und Lehrer sind für ein qualitatives positives Schulklima unabdingbar (Schumacher, 2006).

Das folgende Kapitel widmet sich daher der Lehrergesundheit auf der Schulsystemebene und den Themen
- welche Rolle die Schulleitung für eine gesunde Schule spielt,
- welche Maßnahmen die Entlastung und Zufriedenheit in Schule erhöhen können,
- was eine Schule beachten kann, wenn sie das Thema Lehrergesundheit bei sich umsetzen möchte und
- welche Unterstützungsangebote es hierzu gibt.

4.4.1 Gesundheitsförderliches Schulleitungshandeln

Für die Realisierung einer gesunden Schule ist das Schulleitungshandeln unabdingbar. Laut § 59 Abs. 8 SchulG (Schulgesetz für das Land Nordrhein-Westfalen in der Fassung vom 14.06.2016) sind Schulleiterinnen und Schulleiter in der Verantwortung, Gefährdungspotenziale festzustellen (Gefährdungsbeurteilung) und für deren Beseitigung zu sorgen bzw. die Unterstützung zuständiger Stellen anzufordern (z. B. BAD GmbH, Dezernenten für die Generalie Arbeits- und Gesundheitsschutz, Gesundheitsamt). Zum Arbeitsschutz gehören u. a. der gefahrlose Zustand der Schulräumlichkeiten und Ausstattung, die Ausbildung von Ersthelfern, besondere Vorkehrungen für schwangere Lehrerinnen und Unfallverhütung. In Bezug auf Stress und Burnout bedeutet dies auch, dass Schulleitungen in der Verantwortung sind, vertrauensvolle Gespräche zu führen, wenn sie beobachten, dass ein Mitarbeiter oft krank ist, distanziert oder erschöpft wirkt. Themen wie Arbeitsbelastung sind sehr persönlich und können auch schuldbesetzt sein, sodass Mitarbeitergespräche in jedem Fall unter vier Augen stattfinden und besprochene Inhalte unbedingt vertraulich behandelt werden müssen.

Neben dem klassischen Arbeitsschutz realisieren Schulleitungen aber auch gesundheitsförderliche Arbeits- und Organisationsbedingungen und begünstigen durch den Führungsstil ein gesundes Klima. Schaarschmidt (2004) zeigt den positiven Einfluss auf die Gesundheit von Lehrerinnen und Lehrern, wenn das Handeln der Schulleitung als unterstützend wahrgenommen wurde. Dies zeigte sich z. B. in weniger psychischen und körperlichen Symptomen sowie weniger Fehlzeiten.

Brägger und Posse (2007) benennen fünf Merkmale einer gesundheitsgerechten Leitung:
- Anerkennung und Wertschätzung (z. B. unterstützendes Feedback, Betonung von Ressourcen der Mitarbeiterinnen und Mitarbeiter)
- Interesse und Kontakt (z. B. aufmerksam sein, sichtbar sein)
- Transparenz und Offenheit (z. B. umfassende Informationen, klare Formulierung der eigenen Erwartungen)
- Stimmung und Klima (z. B. Gleichbehandlung von Mitarbeiterinnen und Mitarbeitern, Gelassenheit, Humor, Empathie)
- Einbeziehung und Partizipation (z. B. Berücksichtigung der Interessen aller)

Entscheidend ist dabei nicht, wie eine Schulleitung sich selbst einschätzt, sondern wie sie von Mitarbeiterinnen und Mitarbeitern hinsichtlich ihrer Führung wahrgenommen wird. Demnach ist zur Gestaltung des Führungsstils sowie zum gesundheitsförderlichen Leitungshandeln das Einholen von und der konstruktive Umgang mit Feedback unabdingbar.

Schulleitungen erleben oftmals ein Spannungsfeld zwischen den Entlastungswünschen des Kollegiums sowie den Anforderungen, die von Seiten der Schulaufsicht an die Schulleitungen gestellt werden. Dies erfordert eine transparente Kommunikation zwischen Schulleitung und Kollegium zu Entlastungsmöglichkeiten und Grenzen.

4.4.2 Entlastungsideen für Schulen

Neben den Befunden, welche die Empirie zu gesundheitsschädlichen oder -förderlichen Faktoren in der Schule gefunden hat (siehe Kapitel 3.3.3), gibt es in der Praxis zahlreiche Ideen, wie in Schule zur Entlastung von Lehrerinnen und Lehrern beigetragen werden kann.

Unterstützung im Kollegium

Ein zentraler Stellenwert kommt der sozialen Kultur einer Schule zu. Die Besonderheit der Schule als Organisation ist dabei, dass Lehrerinnen und Lehrer oftmals sehr autonom arbeiten. Eine gesunde Schule ist nach Schumacher (2006, S. 59) gekennzeichnet durch vertrauensvolle und stabile soziale Beziehungen zwischen den Mitgliedern der Schule sowie gegenseitiger Hilfe und sozialer Unterstützung. Eine Identifikation mit der Schule sowie gemeinsame, transparente Werte, Regeln und Ziele machen es erst möglich, den Bildungsauftrag von Schulen umzusetzen. Arbeitsprozesse können durch stärke Zusammenarbeit effizient und ressourcennutzend gestaltet werden. Jede einzelne Lehrkraft wird in ihrem Handeln durch die soziale Unterstützung gestärkt und durch das gesamte Schulkollegium getragen.

Maßnahmen, welche das soziale Miteinander stärken, sind z. B.:
- Gelegenheit zu Austausch und Kommunikation, kollegiale Fallberatung,
- Förderung von Teamarbeit,
- Positive Feedbackkultur,
- Optimierung des Informationsflusses untereinander (Schwarzes Brett, E-Mail-Verteiler etc.),
- Sammlungen und Austausch von Arbeits- und Unterrichtsmaterial,
- Betriebsausflüge und gemeinsame Aktivitäten außerhalb der Schulzeit,
- Feste Rituale zu Geburtstagen oder anderen Anlässen,
- Einarbeitung neuer Kolleginnen und Kollegen durch feste Ansprechpartner.

Umgang mit Lärm

Um den nachgewiesenermaßen hohen gesundheitlichen Folgen von Lärm vorzubeugen und die Arbeitsatmosphäre für alle Beteiligten zu verbessern, kann es hilfreich sein, sich mit den akustischen Beschaffenheiten der Klassenräume auseinanderzusetzen. Es gibt unterschiedliche Möglichkeiten, den Lärm in der Klasse einzudämmen und die Akustik zu verbessern, z. B. durch das Anbringen von Filzgleitern unter Stühlen oder von Installationen wie Wandteppichen sowie durch schallabsorbierende Möbel und Akustikpaneele. Die Schulträger können zu solchen Veränderungen der Schulräumlichkeiten beraten.

Um die Kinder im Umgang mit Lautstärke zu sensibilisieren, kann das Thema „Lärm und Gesundheit" aber auch als Thema in der Klasse besprochen und eine Lärmampel installiert werden. Auch Strategien der Klassenführung können dazu beitragen, Lärm (und andere Störungen) zu reduzieren (siehe Kapitel 4.2.1).

Betriebliches Zeitmanagement

Um die Abläufe des Schulalltags effektiv zu gestalten, aber auch Zeit für Begegnungen und Austausch zu lassen, ist ein gutes Zeitmanagement auch auf Schulebene wichtig. Dies beinhaltet z. B.
- Eine Stundenplangestaltung, welche Rücksicht auf Teilzeit arbeitende Mitarbeiterinnen und Mitarbeiter nimmt,
- Konferenzen, die zeitökonomisch genutzt werden,
- Reduzierungen von Korrekturbelastung in einzelnen Fächern,
- Effektive Nutzbarkeit von Freistunden durch Arbeitsräume und Bereitstellen von ausreichend PC-Arbeitsplätzen,
- Übersicht wichtiger schulinterner Termine, z. B. über einen Online-Kalender.

Pausengestaltung

Einzelne Kolleginnen oder Kollegen, die ihre Pausen erholsamer gestalten wollen, indem sie beispielsweise versuchen, ruhige Räumlichkeiten aufzusuchen oder Tür-und-Angelgespräche zu vermeiden, können ggf. auf Unverständnis stoßen, wenn im Kollegium keine Sensibilität für das Thema Pausengestaltung besteht. Da das Thema Pause für sehr viele Lehrerinnen und Lehrer als belastend erlebt wird, lohnt es sich, im Gesamtkollegium zu überlegen, wie Pausenzeiten gestaltet werden können.

So können Erholungs- und Rückzugsmöglichkeiten geschaffen werden, indem separate Pausenbereiche eingerichtet werden. Ein eigener Pausenraum – der ausschließlich für Pausen genutzt wird, z. B. mit bequemen Sitzmöbeln und einer Kaffeemaschine ausgestattet – sollte eigentlich kein Luxus sein, auch wenn viele Schulen räumlich nicht die Möglichkeit dazu haben. Raumtrenner und Pflanzenkübel können bei fehlenden Räumlichkeiten helfen, einzelne Bereiche räumlich abzutrennen und somit etwas mehr Rückzugsmöglichkeit zu schaffen. Andere Maßnahmen zur Pausengestaltungen können z. B. sein, ausreichend Getränke zur Verfügung zu stellen oder Absprachen mit Schülerinnen und Schülern zu treffen, mit welchen Angelegenheiten sie in Hofpausen am Lehrerzimmer klopfen können.

4.4.3 Gesundheit als Schulentwicklungsthema

Wie Schumacher (2006, S. 60) darstellt, ist Gesundheitsförderung in Schulen eine nachhaltige Prozessentwicklung, die voraussetzt, dass die Gesundheit in allen Maßnahmen mit berücksichtigt wird und bestehende Strukturen sowie Bedingungen kritisch reflektiert werden. Lehrergesundheit sollte demnach nicht nur Inhalt eines einzigen Tages sein, sondern über einen längeren Zeitraum immer wieder im Rahmen von Pädagogischen Tagen und Konferenzen in den Blick genommen werden. Im Folgenden wird beispielhaft beschrieben, welche Schritte in diesem Prozess relevant sein können.

Thematischer Einstieg

Zunächst kann es hilfreich sein, als Kollegium einen gemeinsamen Einstieg in das Thema zu finden, z. B. über einen ersten Austausch im Kollegium zu dem Thema. Viele Lehrerinnen und Lehrer berichten, dass sie es als deutliche Erleichterung empfunden haben, zu hören, dass auch die Kolleginnen und Kollegen sich belastet fühlen. Eine Grundvoraussetzung für einen offenen Austausch ist allerdings, dass die Kommunikation im Kollegium stimmt und keine größeren Konflikte bestehen. Sollte dies nicht der Fall sein, ist es zunächst sinnvoll, durch Teamsupervision die Grundlage für die weitere gemeinsame Arbeit zu legen (siehe Kapitel 4.2.4). Gesundheit ist immerhin etwas sehr Persönliches und Angreifbares. Vertrauen und Offenheit im Kollegium ist daher unabdingbar, um das Thema im Gesamtkollegium zu bearbeiten. Auch sollte der Austausch zum Thema Lehrergesundheit nicht im reinen Beklagen von Belastungen enden, sondern von Anfang an lösungsorientiert gedacht sein (welche Belastungen gibt es und welche Ideen sind vorhanden, um zu einer Entlastung zu kommen; siehe auch Kunigkeit, 2004).

Ein weiterer Schritt kann es sein, einen Fachreferenten bzw. eine Fachreferentin zu dem Thema Lehrergesundheit einzuladen und sich auf das Thema einzustimmen. Viele schulpsychologische Beratungsstellen bieten beispielsweise Fortbildungen und Angebote zu diesem Thema an und können für Pädagogische Tage angefragt werden (siehe auch Kapitel 4.2.4). Andere Fachreferenten bzw. Fachreferentinnen können Angebote zu „Stimmtrainings" oder „Körpersprache" anbieten. Manche Schulen gestalten aber auch eine ganze Schulgesundheitswoche, bei der Schülerinnen und Schüler mit einbezogen werden und gemeinsam an Themen wie Stress, Ernährung oder Bewegung gearbeitet wird.

Ist-Stand-Analyse

Ist ein thematischer Einstieg in das Thema gelungen und das Kollegium möchte gemeinsam an dem Thema Gesundheit arbeiten, geht es um eine Ist-Stand-Analyse. Strukturelle Maßnahmen können ebenso wie die persönlichen Maßnahmen von Schule zu Schule sehr unterschiedlich sein. Jede Schule muss demnach für sich schauen, wo sie steht und welche Maßnahmen konkret an dieser Schule zu einer Entlastung führen würden.

Es gibt zahlreiche Instrumente (z. B .der IQES, s. u.) als auch Checklisten (z. B. der BzgA oder der Unfallkasse), mit denen übersichtlich überprüft werden kann, welche gesundheitsförderlichen Maßnahmen bereits vorhanden sind und welche noch umgesetzt werden können. Manche Schulen starten aber auch eigene Umfragen im Kollegium oder holen sich externe Moderatoren bzw. Moderatorinnen dazu. So können beispielsweise Schulpsychologinnen und Schulpsychologen an einem Pädagogischen Tag mit dem Kollegium erarbeiten, welche gesundheitsförderlichen Faktoren und Ressourcen es bereits an der Schule gibt und was darüber hinaus Belastungen sind, an denen gearbeitet werden kann.

Kunigkeit (2004) hat in seinem schulpsychologischen Konzept zur Unterstützung von Schulen folgenden Ablauf für einen Pädagogischen Tag skizziert (siehe Tabelle 4.2). Die Schulpsychologie nimmt dabei die Rolle eines prozessorientierten Begleiters an.

Tabelle 4.2: Möglicher Ablauf eines Pädagogischen Tages unter Moderation, z. B. eines Schulpsychologen bzw. einer Schulpsychologin, nach Kunigkeit (2004)

Schritte	Akteure
Vorgespräch bzgl. Anlass und Motivation; Konsens über Thema und Ablauf des Tages; Rückkopplung mit dem Gesamtkollegium	Schulpsychologie, Schulleitung, Kollegiumsvertreter und -innen
Impulsreferat als Einstieg und Einstimmung in den Tag; Ablauf des Tages wird vorgestellt	Schulpsychologie
Fantasiereise und individuelle Belastungsanalyse mit persönlichem und privat bleibendem Reflexionsbogen	Kollegium (Einzelarbeit)
Austausch mit einem ausgewählten Kollegen bzw. einer ausgewählten Kollegin zu Be- und Entlastungen	Kollegium (Zweierteams)
Gruppenarbeit: Auflistung unbeeinflussbarer Belastungen. Sammlung von Entlastungserfolgen und -ideen auf grünen und gelben Karten (ca. 75–90 Minuten)	Kollegium (Viererteams, bestehend aus zwei Zweierteams der vorherigen Phase)
Grüne Karten (Entlastungserfolge) werden nach einzelnen Themen sortiert und die gelben Karten (Entlastungsideen) ebenfalls den Überschriften zugeordnet.	Schulpsychologe bzw. Schulpsychologin im Plenum
Interview mit Schulleitung zu den Entlastungsideen	Schulpsychologe bzw. Schulpsychologin und Schulleitung
Konkretisierung und Umsetzungsplanung der Entlastungsideen	Kleingruppen
Abschluss: Präsentation der Gruppenergebnisse und Planung der weiteren Umsetzung in der Schule	Plenum

Gemeinsam können so Ressourcen und zentrale Belastungsthemen herausgearbeitet werden. Für einen Pädagogischen Tag ist es sinnvoll, zunächst zwei bis drei Themen in den Fokus zu nehmen, die unmittelbar Relevanz haben oder leicht umsetzbar sind. Andere derzeit nicht so relevante oder schwieriger umzusetzende Belastungsthemen sollten festgehalten und ggf. zu einem späteren Zeitpunkt angegangen werden.

Entlastungsideen und Handlungsplanung

Zu den zentralen Belastungsthemen sollte im Weiteren lösungsorientiert gearbeitet und Entlastungsideen gesammelt werden. Wenn es mehrere Themen gibt, kann es hilfreich sein, Arbeitsgruppen zu bilden, die ein bestimmtes Thema im Blick behalten. So kann sich an einem Pädagogischen Tag beispielsweise eine Arbeitsgruppe bilden, die sich mit dem Thema Pausengestaltung beschäftigt, während eine weitere Arbeitsgruppe zur Raumgestaltung arbeitet.

Natürlich sollten Maßnahmen, welche das Gesamtkollegium betreffen, stets im Plenum abgesprochen und durch Schulleitung unterstützt werden. Zur Ideengenerierung und Handlungsplanung können folgende Fragen hilfreich sein:
- Welche Entlastungsideen gibt es zu den ausgewählten Belastungsfaktoren?
- Welche davon sind tatsächlich umsetzbar?
- Welche Ideen werden von der Schulleitung nachdrücklich unterstützt? Wo gibt es ggf. ein Veto?
- Was muss ggf. geklärt oder beschlossen werden?
- Wer macht was bis wann?

Die Planung von Entlastungsideen und deren Umsetzung sollte stets so konkret wie möglich erfolgen, um zu gewährleisten, dass Pläne nicht um Sand verlaufen, sondern tatsächlich umsetzbar und nachhaltbar sind.

Evaluierung

Pädagogische Tage oder Konferenzen, an denen Entlastungsideen und deren Umsetzung beschlossen werden, sollten niemals enden, bevor nicht ein Konsens darüber besteht, wann die besprochenen Inhalte wieder thematisiert werden. Am Ende des Tages sollte also immer der nächste Termin feststehen, an denen Arbeitsgruppen ihre umgesetzten Schritte präsentieren, bisherige Ergebnisse reflektiert werden und ggf. nächste Schritte oder Beschlüsse gefasst werden können.

Neben der Bildung von themenbezogenen Arbeitsgruppen, kann auch die Gründung eines Gesundheitszirkels sinnvoll sein, der sich regelmäßig trifft, den Gesamtprozess sowie Beschlüsse und Vereinbarungen im Blick behält und ggf. nachsteuert.

Unterstützungsmöglichkeiten für Schulen

Es ist möglich – und je nach Ausgangssituation der Schule auch sinnvoll –, sich für den Prozess externe Unterstützung zu holen und diesen begleiten zu lassen. Angebote sind kommunal und regional unterschiedlich, aber schulpsychologische Beratungsstellen bieten zunehmend Maßnahmen zur Lehrergesundheit an.

In einigen Bundesländern gibt es außerdem Landesprogramme zur Förderung der Gesundheit, welche Maßnahmen an Schulen sowohl fachlich als auch finanziell unterstützen, z. B.:
- Bayern: Landesprogramm für die gute gesunde Schule (http://www.ggs-bayern.de/)
- Berlin: Landesprogramm für die gute gesunde Schule (http://www.gutegesundeschule-berlin.de/)
- Hessen: Schule & Gesundheit (http://schuleundgesundheit.hessen.de/)
- Nordrhein-Westfalen: Landesprogramm Bildung und Gesundheit (http://www.bug-nrw.de/)

Auch die Unfallkasse und andere Träger bieten bundeslandabhängig Fortbildungsangebote zum Thema Arbeits- und Gesundheitsschutz an und stellen – wie beispielsweise in Nordrhein-Westfalen – teilweise sogar Schulpreise dafür aus. Es lohnt sich, sich nach den Angeboten im eigenen Bundesland zu erkundigen.

> **Fazit**
>
> Bereits auf der individuellen Ebene ist Lehrergesundheit ein komplexes Thema. Auf der Schulebene kommen die verschiedenen Akteure und deren Beziehungen sowie Systembedingungen hinzu. Lehrergesundheit gilt daher als ein umfassendes Schulentwicklungsthema, mit dem sich Schulen langfristig und nachhaltig beschäftigen sollten. Der Schulleitung kommt hierbei eine besondere Verantwortung zu, auf die Gesunderhaltung des Kollegiums zu achten. Aber auch eine Teamstruktur, die von gegenseitiger Unterstützung und Vertraulichkeit geprägt ist, ist notwendig, damit sich die Lehrerinnen und Lehrer zum einen wohlfühlen, zum anderen aber auch überhaupt in der Lage sind, das Thema Gesundheit gemeinsam anzugehen. Auch wenn das Thema komplex ist, lohnt es sich, die Gesundheit auf Schulebene im Blick zu haben, da diese einen enormen Einfluss auf die das Schulklima sowie das Wohlbefinden und die Leistungsfähigkeit aller Akteure – nicht nur der Lehrerinnen und Lehrer, sondern auch der Schülerinnen und Schüler – hat. Schulen haben oftmals die Möglichkeit, sich in diesem Prozess extern begleiten zu lassen.

Zum Weiterlesen:

DAK, BUK, GUVV W-L (2006). *Lehrergesundheit – Baustein einer guten gesunden Schule. Impulse für eine gesundheitsfördernde Organisationsentwicklung.* Hamburg: DAK. Zugriff am 06.03.2017 unter: http://www.schuleundgesundheit.hessen.de/fileadmin/content/Medien/Lehrergesundheit/HandbuchLehrergesundheit.pdf

5 Ausblick

In den letzten Jahren hat das Thema Lehrergesundheit an Bedeutung gewonnen. In der Forschung wird der Lehrerberuf, die belastenden, aber auch gesundheitsförderlichen Faktoren verstärkt in den Fokus genommen. So sind zahlreiche empirische Befunde zur Gesundheit von Lehrerinnen und Lehrern veröffentlicht worden. Aber auch die Praxis – Beratungsstellen, Schulentwickler, Therapeuten und Kliniken – haben die Berufsgruppe der Lehrerinnen und Lehrer als Zielgruppe erkannt und bieten zunehmend speziell auf den beruflichen Kontext Schule ausgerichtete Angebote an. Dabei werden nicht nur empirische Erkenntnisse zur Grundlage gelegt. Moderne Therapieansätze, wie beispielsweise Achtsamkeitstrainings, werden mehr und mehr für den Lehrerberuf erschlossen und auf die spezifischen Anforderungen des Schullalltags zugeschnitten. Auch Internetangebote und Apps werden speziell für Lehrerinnen und Lehrer entwickelt, die eine niederschwellige, jederzeit erreichbare und alltagsnahe Auseinandersetzung mit dem Thema Lehrergesundheit ermöglichen (mehr Informationen findet man z. B. auf http://www.lehrergesundheit.eu)

Das Thema Gesundheit im Lehrerberuf wird auch in den kommenden Jahren weiter an Bedeutung gewinnen. Nicht nur Lehrerinnen und Lehrer selbst haben ein Interesse daran, mit Gesundheit, Wohlbefinden und Arbeitszufriedenheit durch das Berufsleben zu gehen. Auch aus der Perspektive von Eltern, der Schulverwaltung und der Politik ist das Thema von hoher Relevanz. Zu deutlich ist mittlerweile die Wichtigkeit von Lehrkräften für die Qualität von Unterricht, Schule und dem Bildungssystem geworden. Auch Veränderungen und Reformen lassen sich nur sinnvoll implementieren, wenn sie von engagierten und mit ihrem Beruf grundsätzlich zufriedenen Lehrkräften mitgetragen werden. Gleichzeitig ist bislang noch nicht klar, welche Effekte institutionelle Veränderungen und neue Herausforderungen im Schulsystem wie Schulstrukturreformen (z. B. G8 und G9), Inklusion und der Umgang mit neu zugewanderten Schülerinnen und Schülern wiederum auf das Beanspruchungserleben der Lehrkräfte haben. Lehrergesundheit als zentraler Prozess der Schulentwicklung sollte daher in Reformen, personellen, finanziellen und räumlichen Ressourcen mitgedacht und mit berücksichtigt werden. Es kann mittlerweile davon ausgegangen werden, dass sich Investitionen in gute Arbeitsbedingungen und gesunde Schulen langfristig auszahlen.

Neben sachlichen und personellen Ressourcen ist es wichtig, die Akteure der Schulen, Lehrerinnen und Lehrer sowie Schulleitungen zu unterstützen, ihr professionelles Handeln sowie (günstige) Umgangsweisen mit Stress und Arbeitsbelastungen zu reflektieren und auszubauen. Viele schulpsychologische Beratungsstellen haben den Bedarf erkannt und bieten Beratungsangebote wie gesundheitsbezogene Fortbildungen, Supervision und Coaching an. Um das Thema frühzeitig und präventiv aufgreifen zu können, ist es wichtig das Thema Lehrergesundheit bereits in die Ausbildung von Lehrkräften zu integrieren. Entsprechend wurde bereits 2004 in den KMK-Standards zur Lehrerbildung explizit formuliert, dass Lehrkräfte aus dem universitären Teil der Ausbildung die wesentlichen Ergebnisse der Belastungs- und Stressforschung kennen und im praktischen Teil der Ausbildung den Umgang mit Belastungen lernen sollten. Auch in einer aktuellen Delphi Studie zur Frage, welche bildungswissenschaftlichen Themen in der Lehramtsausbildung wichtig sind, wurden von interdisziplinären Bildungsexperten und Expertinnen das Wissen und der Umgang mit Stress und Belastung im Beruf als wichtige Themen für die Lehramtsausbildung genannt. Die postulierte Bedeutung des Themas spiegelt sich allerdings nicht in den Curricula der Universitäten für die Lehramtsausbildung wider. So zeigten Hohenstein et al. (2014), dass nur an einer von 16 Hochschulen, deren Studienordnungen, Modulhandbücher und Prüfungsordnungen systematisch untersucht wurden, das Thema Stresserleben und Umgang mit Belastungen berücksichtigt wurde (siehe auch eine Studie von Terhart et al., 2010). Demzufolge wird die Mehrzahl der jungen Lehrkräfte ohne Vorbereitung mit den – auch psychischen – Herausforderungen des Berufslebens konfrontiert. Als Konsequenz werden unterstützende Angebote dann erst spät in Anspruch genommen und die Gefahr, dass sich ungünstige Verhaltensweisen über die Jahre verfestigen, steigt.

Mit diesem Buch haben wir beabsichtigt, einen Überblick über aktuelle theoretische Ansätze und empirischen Befunde sowie deren Implikationen für die Schulpraxis anhand konkreter praktischer Handlungsmöglichkeiten zu geben. Es gibt – so zeigt dieses Buch – mittlerweile erfolgreiche Präventions- und Interventionsmöglichkeiten. Wir haben dabei an der Schnittstelle zwischen Pädagogisch-Psychologischer Forschung und Schulpsychologischer Beratungspraxis zusammengearbeitet. Bei einem Thema mit so hoher praktischer Relevanz sind der Austausch und die Kommunikation zwischen Forschung und Praxis besonders relevant. Nur so kann gewährleistet werden, dass aktuelle und belastbare Forschungsergebnisse kommuniziert werden und Eingang in die Aus- und Weiterbildung und die Schulpsychologische Beratungspraxis finden. Gleichzeitig können die Akteure der Praxis die Forschung hinsichtlich aktueller Phänomene und Probleme der gesundheitlichen Situation von Lehrkräften informieren, die wiederum Ausgangspunkt für weitere Forschungsarbeiten sein können.

6 Weiterführende Literatur

Im Lauf des Buches wurden bereits Literaturempfehlungen gegeben, in denen die besprochenen Themen ausführlicher dargestellt oder vertieft werden. Im Folgenden sind einzelne ausgewählte Bücher sowie downloadbare Broschüren nochmals kurz und knapp vorgestellt.

1) DAK, BUK, GUVV W-L (Hrsg.), *Lehrergesundheit – Baustein einer guten gesunden Schule. Impulse für eine gesundheitsfördernde Organisationsentwicklung*. Hamburg: DAK. Zugriff am 06.03.2017 unter: http://www.schuleundgesundheit.hessen.de/fileadmin/content/Medien/Lehrergesundheit/HandbuchLehrergesundheit.pdf

Anhand des Modellprojektes „Betriebliche Gesundheitsförderung in berufsbildenden Schulen" werden hier Maßnahmen und Strategien der gesundheitsfördernden Organisationsentwicklung dargestellt. Das Handbuch bietet einen Überblick, welche Strukturen schulintern geschaffen werden sollten und welche Themenbereiche für eine gesunde Schule relevant sind.

2) Eichhorn, C. (2008). Classroom-Managament. *Wie Lehrer, Eltern und Schüler guten Unterricht gestalten*. Stuttgart: Klett-Cotta.

Eichhorn beschreibt kompakt und anschaulich die Vorteile einer funktionierenden Klassenführung und lädt mit konkreten Praxisideen zur Umsetzung ein.

3) Kabat-Zinn, J. (2009). *Achtsamkeit für Anfänger*. Freiburg: Arbor.

Kabat-Zinn, der die Praxis der Achtsamkeit in Coaching, Psychotherapie und Medizin bekannt gemacht hat, bietet in diesem Buch eine Einleitung in das Thema. Einsteiger finden zahlreiche, unterschiedlichen Übungen und Begleitung durch eine Audio-CD, um mit der Achtsamkeitspraxis zu beginnen.

4) Kaltwasser, V. (2010). *Persönlichkeit und Präsenz. Achtsamkeit im Lehrerberuf*. Weinheim: Beltz.

Moderne Erkenntnisse der Stressforschung werden hier mit dem Achtsamkeitskonzept in Verbindung gesetzt. Lehrerinnen und Lehrer erhalten durch das beschriebene Programm „Achtsame acht Wochen" einen detaillierten Plan, wie sie

Achtsamkeitspraxis in ihren Berufsalltag einbauen können, um im Unterricht präsenter und authentisch zu sein und somit die Beziehung, insbesondere zu Schülerinnen und Schülern, nachhaltig zu stärken.

5) Müller, G., Palzkill, B. & Schute, E. (2015). *Erfolgreiche Gesprächsführung in der Schule: Grenzen ziehen, Konflikte lösen, beraten*. Berlin: Cornelsen Scriptor.

Das Buch bietet eine ausführliche und gut umsetzbare Anleitung, Gespräche in der Schule zielgerichteter und entspannter zu führen. Zahlreiche Beispiele und Vorlagen machen dieses Buch sehr praxisnah und alltagstauglich.

6) Oppolzer, U. (2014). *Zeitmanagement im Lehrerberuf. Effektive Strategien für einen organisierten (Schul-)Alltag*. Mülheim an der Ruhr: Verlag an der Ruhr.

Ratgeber zu Zeitmanagement gibt es viele auf dem Markt. Dieses Buch nimmt insbesondere das Zeitmanagement von Lehrerinnen und Lehrer in den Blick und bietet daher auf die Probleme des Lehrerberufs zugeschnittene Methoden und Tipps.

7) Roggenkamp, A., Rother, T. & Schneider, J. (2016). *Schwierige Elterngespräche erfolgreich meistern*. Augsburg: Auer.

Neben Hintergrundinformationen zum Thema Elterngespräche werden hier praxisnahe Tipps gegeben, wie Elterngespräche gut vorbereitet und durchgeführt werden können. Das Buch enthält zudem unterschiedliche Vorlagen und Checklisten zur Verwendung.

8) Syring, M. (2017). *Classroom Management. Theorien, Befunde, Fälle – Hilfen für die Praxis*. Göttingen: Vandenhoeck & Ruprecht.

Dieses neu erschienene Werk bietet einen umfassenden Blick auf Theorien, Modelle und Konzepte der Klassenführung. Dabei werden insbesondere Unterrichtsgestaltung, Verhaltenssteuerung und Beziehungsförderung in den Blick genommen. Neben theoretischen Abhandlungen und empirischen Befunden finden sich auch praxisnahe Beispiele.

9) Tietze, K. (2003). *Kollegiale Beratung: Problemlösungen gemeinsam entwickeln*. Reinbek: Rowohlt.

Lehrerinnen und Lehrer, die in ihrer Schule die Methode der Kollegialen Fallberatung einführen wollen, finden hier eine gute und praktisch umsetzbare Einleitung in das Thema, eine Übersicht über die verschiedenen Phasen der Beratung als auch über unterschiedliche Methoden, die in den Fallberatungen eingesetzt werden können.

Literatur

Abujatum, M., Arold, H., Knispel, K., Rudolf, S. & Schaarschmidt, U. (2007). Intervention durch Training und Beratung. In U. Schaarschmidt & U. Kieschke (Hrsg.), *Gerüstet für den Schulalltag. Psychologische Unterstützungsangebote für Lehrerinnen und Lehrer* (S. 117-156). Weinheim: Beltz.

Almeida, D. M. (2005). Resilience and vulnerability to daily stressors assessed via diary methods. *Current Directions in Psychological Science, 14,* 64-68. http://doi.org/10.1111/j.0963-7214.2005.00336.x

Aloe, A. M., Shisler, S. M., Norris, B. D., Nickerson, A. B. & Rinker, T. W. (2014). A multivariate meta-analysis of student misbehavior and teacher burnout. *Educational Research Review, 12,* 30-44. http://doi.org/10.1016/j.edurev.2014.05.003

Altenstein, C. (2010). *Der Einfluss schulischer Merkmale auf das Beschwerdenerleben von Lehrern. Entwicklung und Validierung des Fragebogens zur Erfassung schulischer Qualitätsmerkmale zum Erhalt und zur Förderung der Lehrergesundheit (FESQ)*. Hamburg: Kovač.

Arens, A. K. & Morin, A. J. S. (2016). Relations between teachers' emotional exhaustion and students' educational outcomes. *Journal of Educational Psychology, 108* (6), 800-813. http://doi.org/10.1037/edu0000105

Asendorpf, J. B. (2004). *Psychologie der Persönlichkeit* (3., überarb. u. aktual. Aufl.). Berlin, Heidelberg: Springer. http://doi.org/10.1007/978-3-662-09570-6

Aymanns, P. & Filipp, S. H. (2009). *Kritische Lebensereignisse und Lebenskrisen. Vom Umgang mit den Schattenseiten des Lebens*. Stuttgart: Kohlhammer.

Bakker, A. B. & Demerouti, E. (2007). The job demands-resources model. State of the art. *Journal of Managerial Psychology, 22,* 309-328. http://doi.org/10.1108/02683940710733115

Bakker, A. B., Demerouti, E. & Sanz-Vergel, A. I. (2014). Burnout and work engagement. The JD-R approach. *Annual Review of Organizational Psychology and Organizational Behavior, 1,* 389-411. http://doi.org/10.1146/annurev-orgpsych-031413-091235

Bakker, A. B. & Oerlemans, W. G. (2011). Subjective well-being in organizations. In K. S. Cameron & G. M. Spreitzer (Eds.), *The Oxford handbook of positive organizational scholarship* (pp. 178-189). New York, NY: Oxford University Press.

Bakker, A. B., Hakanen, J. J., Demerouti, E. & Xanthopoulou, D. (2007). Job resources boost work engagement, particularly when job demands are high. *Journal of Educational Psychology, 99* (2), 274-284. http://doi.org/10.1037/0022-0663.99.2.274

Bandura, A. (1997). *Self-efficacy: The exercise of control*. New York: Freeman.

Bauer, K. (2002). Kompetenzprofil: LehrerIn. In H. Otto, T. Rauschenbach & P. Vogel (Hrsg.): *Erziehungswissenschaft: Professionalität und Kompetenz*. Wiesbaden: Springer Fachmedien.

Bauer, J. (2012). Burnout bei Lehrkräften – Was kann man tun, um gesund zu bleiben? *Die berufsbildende Schule, 64/2,* S. 48-51.

Baumert, J. & Kunter, M. (2006). Stichwort: Professionelle Kompetenz von Lehrkräften. *Zeitschrift für Erziehungswissenschaft, 9,* 469-520. http://doi.org/10.1007/s11618-006-0165-2

Baumert, J. & Kunter, M. (2011). Das Kompetenzmodell von COACTIV. In M. Kunter, J. Baumert, W. Blum, U. Klusmann, S. Krauss & M. Neubrand (Hrsg.), *Professionelle Kompetenz von Lehrkräften: Ergebnisse des Forschungsprogramms COACTIV* (S. 29-54). Münster: Waxmann Verlag GmbH.

Berking, M. (2010). *Training emotionaler Kompetenzen*. Berlin: Springer. http://doi.org/10.1007/978-3-642-05230-9

Berufsverband Deutscher Psychologinnen und Psychologen, Sektion Schulpsychologie (2015). *Schulpsychologie in Deutschland - Berufsprofil*. Zugriff am 05.03.2017 unter: http://www.bdp-schulpsychologie.de/backstage2/sps/documentpool/2015/berufsprofil.pdf

Blase, J. J. (1986). A qualitative analysis of sources of teacher stress: Consequences for performance. *American Educational Research Journal, 23*(1), 13-40. http://doi.org/10.3102/00028312023001013

Blömeke, S. (2005). Das Lehrerbild in Printmedien. Inhaltsanalyse von „Spiegel"- und „Focus"-Berichten seit 1990. *Die Deutsche Schule, 97*(1), 24-39.

Blossfeld, H.-P., Bos, W., Daniel, H.-D., Hannover, B., Lenzen, D., Prenzel, M. et al. (Hrsg.). (2014). *Psychische Belastungen und Burnout beim Bildungspersonal. Empfehlungen zur Kompetenz- und Organisationsentwicklung*. Münster: Waxmann.

Bolger, N., Davis, A. & Rafaeli, E. (2003). Diary methods: capturing life as it is lived. *Annual Review of Psychology, 54*, 579-616. http://doi.org/10.1146/annurev.psych.54.101601.145030

Brägger, M. & Posse, N. (2007). *Instrumente für die Qualitätsentwicklung und Evaluation in Schulen (IQES)*. Bern: hep.

Caprara, G. V., Barbaranelli, C., Borgogni, L. & Steca, P. (2003). Efficacy beliefs as determinants of teachers' job satisfaction. *Journal of Educational Psychology, 95*(4), 821-832. http://doi.org/10.1037/0022-0663.95.4.821

Chan, D. W. (2002). Stress, self-efficacy, social support, and psychological distress among prospective Chinese teachers in Hong Kong. *Educational Psychology, 22*(5), 557-569. http://doi.org/10.1080/0144341022000023635

Chang, M.-L. (2009). An appraisal perspective of teacher burnout: Examining the emotional work of teachers. *Educational Psychology Review, 21*(3), 193-218. http://doi.org/10.1007/s10648-009-9106-y

Cherniss, C. (1980). *Staff burnout. Job stress in the human services*. Beverly Hills, CA: Sage.

Costa, P. T. & McCrae, R. R. (1992). *Revised NEO Personality Inventory (NEO PI-R) and NEO Five-Factor Inventory (NEO-FFI) professional manual*. Odessa, FL: Psychological Assessment Resources.

Cramer, C. & Binder, K. (2015). Zusammenhänge von Persönlichkeitsmerkmalen und Beanspruchungserleben im Lehramt. Ein internationales systematisches Review. *Zeitschrift für Erziehungswissenschaft, 18*(1), 101-123. http://doi.org/10.1007/s11618-014-0605-3

Cramer, C., Merk, S. & Wesselborg, B. (2014). Psychische Erschöpfung von Lehrerinnen und Lehrern. Repräsentativer Berufsgruppenvergleich unter Kontrolle berufsspezifischer Merkmale. *Lehrerbildung auf dem Prüfstand, 7*(2), 138-156.

Cropley, M., Dijk, D. & Stanley, N. (2006). Job strain, work rumination, and sleep in school teachers. *European Journal of Work and Organizational Psychology, 15*(2), 181-196. http://doi.org/10.1080/13594320500513913

Demerouti, E., Bakker, A. B., Nachreiner, F. & Schaufeli, W. B. (2001). The job demands-resources model of burnout. *Journal of Applied Psychology, 86*, 499-512. http://doi.org/10.1037/0021-9010.86.3.499

Diewald, M. (1991). *Soziale Beziehungen: Verlust oder Liberalisierung? Soziale Unterstützung in informellen Netzwerken*. Berlin: Edition Sigma.

DGPPN (2012). *Positionspapier der Deutschen Gesellschaft für Psychiatrie, Psychotherapie und Nervenheilkunde (DGPPN) zum Thema Burnout* [07.03.2012]. Berlin: DGPPN. Zugriff am 22.02.2017 unter https://www.dgppn.de/fileadmin/user_upload/_medien/download/pdf/stellungnahmen/2012/stn-2012-03-07-burnout.pdf.

DGSv (2012). *Supervision ein Beitrag zur Qualifizierung beruflicher Arbeit.* Zugriff am 08.03.2017 unter: http://www.dgsv.de/wp-content/uploads/2011/12/grundlagenbroschuere_2012.pdf

Dicke, T., Elling, J., Schmeck, A. & Leutner, D. (2015). Reducing reality shock: The effects of classroom management skills training on beginning teachers. *Teaching and Teacher Education, 48,* 1–12. http://doi.org/10.1016/j.tate.2015.01.013

Dicke, T., Parker, P.D., Holzberger, D., Kunina-Habenicht, O., Kunter, M. & Leutner, D. (2015). Beginning teachers' efficacy and emotional exhaustion: Latent changes, reciprocity, and the influence of professional knowledge. *Contemporary Educational Psychology, 41,* 62–72. http://doi.org/10.1016/j.cedpsych.2014.11.003

Dicke, T., Parker, P.D., Marsh, H.W., Kunter, M., Schmeck, A. & Leutner, D. (2014). Self-efficacy in classroom management, classroom disturbances, and emotional exhaustion: A moderated mediation analysis of teacher candidates. *Journal of Educational Psychology, 106* (2), 569–583. http://doi.org/10.1037/a0035504

Diener, E. (1984). Subjective well-being. *Psychological Bulletin, 95,* 542–575. http://doi.org/10.1037/0033-2909.95.3.542

Diener, E. (2012). New findings and future directions for subjective well-being research. *The American psychologist, 67* (8), 590–597. http://doi.org/10.1037/a0029541

Diener, E., Suh, E.M., Lucas, R.E. & Smith, H.L. (1999). Subjective well-being. Three decades of progress. *Psychological Bulletin, 125,* 276–302. http://doi.org/10.1037/0033-2909.125.2.276

Dilling, H. (Ed.). (2011). *Internationale Klassifikation psychischer Störungen: ICD-10, Kapitel V (F); Diagnostische Kriterien für Forschung und Praxis* (5., überarb. Aufl. nach ICD-10-GM). Bern: Huber.

Dorsemagen, C., Lacroix, P. & Krause, A. (2013). Arbeitszeit an Schulen: Welches Modell passt in unsere Zeit? Kriterien zur Gestaltung schulischer Arbeitsbedingungen. In M. Rothland (Hrsg.), *Belastung und Beanspruchung im Lehrerberuf. Modelle, Befunde, Interventionen* (S. 213–230). Wiesbaden: VS Verlag.

Doyle, W. (1986). Classroom organization and management. In M. Wittrock (Ed.), *Handbook of research on teaching* (pp. 392–431). New York, NY: Macmillan.

Ebert, D.D., Lehr, D., Boß, L., Riper, H., Cuijpers, P., Andersson, G., Thiart, H., Heber, E. & Berking, M. (2014). Efficacy of an internet-based problem-solving training for teachers: Results of a randomized controlled trial. *Scandinavian Journal of Work, Environment & Health, 40* (6), 582–596. http://doi.org/10.5271/sjweh.3449

Edelwich, J. & Brodsky, A. (1980). *Burn-out. Stages of disillusionment in the helping professions.* New York, NY: Human Sciences Press.

Ehinger, W. (2016). Supervision und Coachingprozesse im schulischen Kontext. In K. Seifried, S. Drewes & M. Hasselhorn (Hrsg.), *Handbuch Schulpsychologie,* S. 446–457. Stuttgart: Kohlhammer.

Ehinger, W. & Henning, C. (2011). *Methodenkoffer für Supervision und Coaching.* Tübingen: CreaSys.

Eichhorn, C. (2008). *Classroom-Management. Wie Lehrer, Eltern und Schüler guten Unterricht gestalten.* Stuttgart: Klett-Cotta.

Emmer, E.T., Evertson, C.M. (2008). *Classroom management for middle and high school teachers* (9. Aufl.). New York: Addison Wesley.

Enzmann, D. & Kleiber, D. (1989). *Helfer-Leiden. Stress und Burnout in psychosozialen Berufen.* Heidelberg: Roland Asanger.

Escuriex, B. F. & Labbé, E. E. (2011). Mindfulness. Health Care Providers' Mindfulness and Treatment Outcomes: A Critical Review of the Research Literature. *Mindfullness, 2*: 242.

Eurydice (2004). *Der Lehrerberuf in Europa: Profil, Tendenzen und Anliegen. Bericht IV. Die Attraktivität des Lehrerberufs im 21. Jahrhundert.* Brüssel: Europäische Informationsstelle.

Evers, W. J. G., Tomic, W. & Brouwers, A. (2004). Burnout among teachers: Students' and teachers' perceptions compared. *School Psychology International, 25* (2), 131-148. http://doi.org/10.1177/0143034304043670

Feuerhahn, N., Stamov-Roßnagel, C., Wolfram, M., Bellingrath, S. & Kudielka, B. M. (2013). Emotional exhaustion and cognitive performance in apparently healthy teachers: A longitudinal multi-source study. *Stress and Health, 29* (4), 297-306.

Folkman, S. (2013). Stress. Appraisal and coping. In M. D. Gellman & J. R. Turner (Eds.), *Encyclopedia of behavioral medicine* (pp. 1913-1915). New York, NY: Springer.

Freiberg, H. J. & Lapointe, J. M. (2006). Research-based programs for preventing and solving discipline problems. In C. M. Evertson & C. S. Weinstein (Eds.), *Handbook of classroom management: Research, practice, and contemporary issues* (pp. 735-786). Malwah: Erlbaum.

Frenzel, A. C. & Götz, T. (2007). Emotionales Erleben von Lehrkräften beim Unterrichten. *Zeitschrift für Pädagogische Psychologie, 21* (3-4), 283-295. http://doi.org/10.1024/1010-0652.21.3.283

Frenzel, A. C., Goetz, T., Lüdtke, O., Pekrun, R. & Sutton, R. E. (2009). Emotional transmission in the classroom: Exploring the relationship between teacher and student enjoyment. *Journal of Educational Psychology, 101* (3), 705-716. http://doi.org/10.1037/a0014695

Frenzel, A. C., Becker-Kurz, B., Pekrun, R. & Goetz, T. (2015). Teaching this class drives me nuts! – Examining the person and context specificity of teacher emotions. *PloS one, 10* (6), e0129630. http://doi.org/10.1371/journal.pone.0129630

Frenzel, A. C., Goetz, T., Stephens, E. J. & Jacob, B. (2009). Antecedents and effects of teachers' emotional experiences: An integrated perspective and empirical test. In P. A. Schutz & M. Zembylas (Eds.), *Advances in teacher emotion research: The impact on teachers' lives* (pp. 129-151). Boston, MA: Springer US.

Freudenberger, H. J. (1974). Staff burn-out. *Journal of Social Issues, 30* (1), 159-165. http://doi.org/10.1111/j.1540-4560.1974.tb00706.x

Fydrich, T. & Sommer, G. (2003). Diagnostik sozialer Unterstützung. In M. Jerusalem & H. Weber (Hrsg.), *Psychologische Gesundheitsförderung: Diagnostik und Prävention* (S. 79-104). Göttingen: Hogrefe Verlag.

Gaertner, E. (2016). *Klassenführung als Ressource für die Lehrergesundheit. Eine salutogene Interventionsstudie mit erfahrenen Lehrkräften.* München: UTZ Verlag.

GKV-Spitzenverband (2014). *Leitfaden Prävention. Handlungsfelder und Kriterien des GKV-Spitzenverbandes zur Umsetzung der §§ 20 und 20a SGB.* Zugriff am 20.10.2016 unter: https://www.gkv-spitzenverband.de/media/dokumente/presse/publikationen/Leitfaden_Praevention-2014_barrierefrei.pdf

Gotink, R., Chu, P., Busschbach, J., Benson, H., Fricchione, G. & Hunink, M. (2015). Standardised Mindfulness-Based Interventions in Healthcare: An Overview of Systematic Reviews and Meta-Analyses of RCTs. *PLoS ONE, 10* (4): e0124344. http://doi.org/10.1371/journal.pone.0124344

Gray, L. & Taie, S. (2015). *Public school teacher attrition and mobility in the first five years: Results from the first through fifth waves of the 2007–08 beginning teacher longitudinal study (NCES 2015–337). U.S. Department of Education.* Washington, DC: National Center for Education Statistics. Retrieved June 02, 2017 from http://nces.ed.gov/pubsearch

Hagenauer, G., Hascher, T. & Volet, S. E. (2015). Teacher emotions in the classroom: Associations with students' engagement, classroom discipline and the interpersonal teacher-student relationship. *European Journal of Psychology of Education, 30* (4), 385–403. http://doi.org/10.1007/s10212-015-0250-0

Hakanen, J. J., Bakker, A. B. & Schaufeli, W. B. (2006). Burnout and work engagement among teachers. *Journal of School Psychology, 42,* 495–513. http://doi.org/10.1016/j.jsp.2005.11.001

Hallberg, U. E. & Schaufeli, W. B. (2006). "Same same" but different? Can work engagement be discriminated from job involvement and organizational commitment? *European Psychologist, 11,* 119–127. http://doi.org/10.1027/1016-9040.11.2.119

Heller, K. & Rook, K. S. (2001). Distinguishing the theoretical functions of social ties: Implications for support interventions. In B. R. Sarason & S. Duck (Eds.), *Personal relationships: Implications for clinical and community psychology* (pp. 119–139). Chichester: Wiley.

Hamm, A. (2014). Progressive Muskelentspannung. In F. Petermann & D. Vaitl (Hrsg.), *Entspannungsverfahren.* Weinheim: Beltz.

Hargreaves, A. (2000). Four ages of professionalism and professional learning. *Teachers and Teaching, 6* (2), 151–182. http://doi.org/10.1080/713698714

Harris, D. N. & Adams, S. J. (2007). Understanding the level and causes of teacher turnover: A comparison with other professions. *Economics of Education Review, 26* (3), 325–337. http://doi.org/10.1016/j.econedurev.2005.09.007

Hattie, J. A. C. (2009). *Visible Learning. A synthesis of over 800 meta-analyses relating to achievement.* New York, NY: Routledge.

Helmke, A. & Helmke, T. (2015). Wie wirksam ist gute Klassenführung? Effiziente Klassenführung ist nicht alles, aber ohne sie geht alles andere gar nicht. *Pädagogik – Leben, 2/2015* (S. 7–11).

Heyse, H. (2011). *Herausforderung Lehrergesundheit. Handreichung zur individuellen und schulischen Gesundheitsförderung.* Seelze: Klett Kallmeyer.

Heyse, H. (2016). *Was Lehrerinnen und Lehrer stark macht. Ein Lesebuch für ein erfüllendes Berufsleben.* Bern: hep.

Hillert, A., Koch, S., Kiel, E., Weiß, S. & Lehr, D. (2014). Psychische Erkrankungen von Lehrkräften: Berufsbezogene Therapie- und Präventionsangebote. *Empirische Pädagogik, 28,* 190–204.

Hillert, A., Lehr, D., Koch, S., Bracht, M., Ueing, S., Sosnowsky-Waschek, N. & Lüdtke, K. (2016). *Lehrergesundheit: AGIL-das Präventionsprogramm für Arbeit und Gesundheit im Lehrerberuf* (2., überarb. Aufl.). Stuttgart: Schattauer.

Ho, C. L. & Au, W. T. (2006). Teaching satisfaction scale. Measuring job satisfaction of teachers. *Educational and Psychological Measurement, 66,* 172–185. http://doi.org/10.1177/0013164405278573

Hobfoll, S. E. (1989). Conservation of resources. A new attempt at conceptualizing stress. *American Psychologist, 44,* 513–524. http://doi.org/10.1037/0003-066X.44.3.513

Hobfoll, S. E. (2001). The influence of culture, community, and the nested-self in the stress process. Advancing conservation of resources theory. *Applied Psychology, 50,* 337–421. http://doi.org/10.1111/1464-0597.00062

Hobfoll, S. E. & Shirom, A. (1993). Stress and burnout in work organizations. In R. T. Golembiewski (Ed.), *Handbook of organization behavior* (pp. 41–61). New York, NY: Dekker.

Hohenstein, F., Zimmermann, F., Kleickmann, T., Köller, O. & Möller, J. (2014). Sind die bildungswissenschaftlichen Standards für die Lehramtsausbildung in den Curricula der Hochschulen angekommen? *Zeitschrift für Erziehungswissenschaft, 17* (3), 497–507. http://doi.org/10.1007/s11618-014-0563-9

Hurtz, G. M. & Donovan, J. J. (2000). Personlity and job performance: The Big Five revisited. *Journal of Applied Psychology, 85* (6), 869–879. http://doi.org/10.1037/0021-9010.85.6.869

Hwang, Y.-S., Bartlett, B., Greben, M. & Hand, K. (2017). A systematic review of mindfulness interventions for in-service teachers: A tool to enhance teacher wellbeing and performance. *Teaching and Teacher Education, 64*, 26-42. http://doi.org/10.1016/j.tate.2017.01.015

Ingersoll, R.M. & Smith, T. (2003). The wrong solution to the teacher shortage. *Educational Leadership. (8).*

Jahnke, R., Larkey, L., Rogers, C., Ethnier, J. & Lin, F. (2010). A comprehensive review of health benefits of qigong and tai chi. *American Journal of Health Promotion, 24* (6), e1-e25.

Jennings, P.A. & Greenberg, M.T. (2009). The prosocial classroom: Teacher social and emotional competence in relation to student and classroom outcomes. *Review of Educational Research, 79* (1), 491-525. http://doi.org/10.3102/0034654308325693

Johnson, S., Cooper, C., Cartwright, S., Donald, I., Taylor, P. & Millet, C. (2005). The experience of work-related stress across occupations. *Journal of Managerial Psychology, 20* (2), 178-187. http://doi.org/10.1108/02683940510579803

Judge, T.A., Locke, E.A., Durham, C.C. & Kluger, A.N. (1998). Dispositional effects on job and life satisfaction. The role of core evaluations. *Journal of Applied Psychology, 83*, 17-34. http://doi.org/10.1037/0021-9010.83.1.17

Judge, T.A., Thoresen, C.J., Bono, J.E. & Patton, G.K. (2001). The job satisfaction-job performance relationship. A qualitative and quantitative review. *Psychological Bulletin, 127*, 376-407. http://doi.org/10.1037/0033-2909.127.3.376

Kaluza, G. (1996). *Gelassen und sicher im Streß: Psychologisches Programm zur Gesundheitsförderung* (2., vollst. überarb. u. erw. Aufl.). Berlin, Heidelberg, s.l.: Springer Berlin Heidelberg. http://doi.org/10.1007/978-3-662-11819-1

Kaluza, G. (2011). *Stressbewältigung. Trainingsmanual zur psychologischen Gesundheitsförderung*. Heidelberg: Springer.

Keller, M.M., Chang, M.-L., Becker, E.S., Goetz, T. & Frenzel, A.C. (2014). Teachers' emotional experiences and exhaustion as predictors of emotional labor in the classroom: An experience sampling study. *Frontiers in Psychology, 5*. http://doi.org/10.3389/fpsyg.2014.01442

Kiel, E., Frey, A. & Weiß, S. (2013). *Trainingsbuch Klassenführung*. Bad Heilbrunn: Klinkhardt.

Kienle, R., Knoll, N. & Renneberg, B. (2006). Soziale Ressourcen und Gesundheit: soziale Unterstützung und dyadisches Bewältigen. In B. Renneberg & P. Hammelstein (Hrsg.), *Gesundheitspsychologie* (S. 107-122). Heidelberg: Springer.

Kieschke, U. (2007). Arbeits-Bewertungs-Check für Lehrkräfte (ABC-L) - Ein Instrument für schulische Gestaltungsmaßnahmen. In Verband für Bildung und Erziehung (Hrsg.), *Fit für den Lehrerberuf - Pädagogische Profession im 21. Jahrhundert* (S. 103-109). Berlin: Wilke.

Klassen, R.M. & Chiu, M.M. (2011). The occupational commitment and intention to quit of practicing and pre-service teachers: Influence of self-efficacy, job stress, and teaching context. *Contemporary Educational Psychology, 36* (2), 114-129. http://doi.org/10.1016/j.cedpsych.2011.01.002

Klassen, R.M., Perry, N.E. & Frenzel, A.C. (2012). Teachers' relatedness with students: An underemphasized component of teachers' basic psychological needs. *Journal of Educational Psychology, 104* (1), 150-165. http://doi.org/10.1037/a0026253

Klusmann, U., Kunter, M., Trautwein, U. & Baumert, J. (2006). Lehrerbelastung und Unterrichtsqualität aus der Perspektive von Lehrenden und Lernenden. *Zeitschrift für Pädagogische Psychologie, 20* (3), 161-173. http://doi.org/10.1024/1010-0652.20.3.161

Klusmann, U., Kunter, M., Trautwein, U., Lüdtke, O. & Baumert, J. (2008a). Teachers' occupational well-being and the quality of instruction: The important role of self-regulatory patterns. *Journal of Educational Psychology, 100* (3), 702-715. http://doi.org/10.1037/0022-0663.100.3.702

Klusmann, U., Kunter, M., Trautwein, U., Lüdtke, O. & Baumert, J. (2008b). Engagement and emotional exhaustion in teachers: Does the school context make a difference? *Applied Psychology: An International Review, 57,* 127-151.

Klusmann, U., Kunter, M. & Trautwein, U. (2009). Die Entwicklung des Beanspruchungserlebens von Lehrerinnen und Lehrern in Abhängigkeit beruflicher Verhaltensstile. *Psychologie in Erziehung und Unterricht, 56,* 200-212.

Klusmann, U. (2011). Allgemeine berufliche Motivation und Selbstregulation. In M. Kunter, J. Baumert, W. Blum, U. Klusmann, S. Krauss & M. Neubrand (Hrsg.), *Professionelle Kompetenz von Lehrkräften: Ergebnisse des Forschungsprogramms COACTIV* (S. 277-294). Münster: Waxmann Verlag GmbH.

Klusmann, U., Kunter, M., Voss, T. & Baumert, J. (2012). Berufliche Beanspruchung von angehenden Lehrkräften: Die Effekte von Persönlichkeit, praktischer Erfahrung und professioneller Kompetenz. *Zeitschrift für Pädagogische Psychologie, 26,* 275-290. http://doi.org/10.1024/1010-0652/a000078

Klusmann, U., Richter, D. & Lüdtke, O. (2016). Teachers' emotional exhaustion is negatively related to students' achievement. Evidence from a large-scale assessment study. *Journal of Educational Psychology, 108,* 1193-1203. http://doi.org/10.1037/edu0000125

KMK. (2004). *Standards für die Lehrerbildung: Bildungswissenschaften: Beschluss der Kultusministerkonferenz vom 16.12.2004.* Zugriff am 22.02.2017 unter http://www.kmk.org/fileadmin/Dateien/veroeffentlichungen_beschluesse/2004/2004_12_16-Standards-Lehrerbildung.pdf

Knoll, N., Scholz, U. & Rieckmann, N. (2017). *Einführung Gesundheitspsychologie.* Stuttgart: UTB.

Koch, S., Lehr, D. & Hillert, A. (2015). *Burnout und chronischer beruflicher Stress.* Göttingen: Hogrefe. http://doi.org/10.1026/02650-000

Krasner, M., Epstein, R., Beckman, H., Suchman, A., Chapman, B., Mooney, C. & Quill, T. (2009). Association of an educational program in mindful communication with burnout, empathy, and attitudes among primary care physicians. *JAMA, 23;* 302(12), 1284-1293. http://doi.org/10.1001/jama.2009.1384

Krause, A. & Dorsemagen, C. (2014). Belastung und Beanspruchung im Lehrerberuf - Arbeitsplatz- und bedingungsbezogene Forschung. In E. Terhart, H. Bennewitz & M. Rothland (Hrsg.), *Handbuch der Forschung zum Lehrerberuf* (S. 987-1013). Münster: Waxmann.

Krause, A., Philipp, A., Bader, F. & Schüpbach, H. (2008). Emotionsregulation von Lehrkräften: Umgang mit Gefühlen als Teil der Arbeit. In A. Krause, H. Schüpbach, E. Ulich & M. Wuelser (Hrsg.), *Arbeitsort Schule. Organisations- und arbeitspsychologische Perspektiven* (S. 309-334). Wiesbaden: Gabler.

Kunigkeit, H. (2004). Von der Belastungsanalyse zur Entlastungsplanung - Schulpsychologische Unterstützung von Kollegien bei der Weiterentwicklung individueller, kollegialer und institutioneller Entlastungsstrategien. *SchulVerwaltung spezial 1/2004,* 37-40.

Kunter, M., Tsai, Y.-M., Klusmann, U., Brunner, M., Krauss, S. & Baumert, J. (2008). Students' and mathematics teachers' perceptions of teacher enthusiasm and instruction. *Learning and Instruction, 18,* 468-482. http://doi.org/10.1016/j.learninstruc.2008.06.008

Kunter, M., Frenzel, A., Nagy, G., Baumert, J. & Pekrun, R. (2011). Teacher enthusiasm. Dimensionality and context specificity. *Contemporary Educational Psychology, 36,* 289-301. http://doi.org/10.1016/j.cedpsych.2011.07.001

Kunter, M., Klusmann, U., Baumert, J., Richter, D., Voss, T. & Hachfeld, A. (2013). Professional competence of teachers: Effects on instructional quality and student development. *Journal of Educational Psychology, 105*(3), 805. http://doi.org/10.1037/a0032583

Kyriacou, C. (2001). Teacher Stress: Directions for future research. *Educational Review, 53* (1), 27–35. http://doi.org/10.1080/00131910120033628

Lauermann, F. & König, J. (2016). Teachers' professional competence and wellbeing: Understanding the links between general pedagogical knowledge, self-efficacy and burnout. *Learning and Instruction, 45,* 9–19. http://doi.org/10.1016/j.learninstruc.2016.06.006

Lazarus, R. S. & Folkman, S. (1984). *Stress, appraisal, and coping.* New York, NY: Springer.

Lazarus, R. S. (1966). *Psychological stress and the coping process.* New York, NY: McGraw-Hill.

Lazarus, R. S. (1991). *Emotion and adaptation.* New York: Oxford University Press.

Lehr, D., Geraedts, A., Asplund, R. P., Khadjesari, Z., Heber, E., de Bloom, J., Angerer, P., Ebert, D. D. & Funk, B. (in press). Occupational e-mental health – current approaches and promising perspectives for promoting mental health in workers. In M. Wiencke, S. Fischer & M. Cacace (Eds.), *Healthy at work – interdisciplinary perspectives.* New York: Springer.

Lee, R. T. & Ashforth, B. E. (1996). A meta-analytic examination of the correlates of the three dimensions of job burnout. *Journal of Applied Psychology, 81* (2), 123–133. http://doi.org/10.10 37/0021-9010.81.2.123

Lehr, D., Sosnowsky, N. & Hillert, A. (2007). Stressbezogene Interventionen zur Prävention von psychischen Störungen im Lehrerberuf. AGIL „Arbeit und Gesundheit im Lehrerberuf" als Beispiel einer Intervention zur Verhaltensprävention. In M. Rothland (Hrsg.), *Belastung und Beanspruchung im Lehrerberuf. Modelle, Befunde, Interventionen* (S. 267–289). Wiesbaden: VS Verlag. http://doi.org/10.1007/978-3-531-90500-6_14

Lehr, D. (2014). Belastung und Beanspruchung im Lehrerberuf – Gesundheitliche Situation und Evidenz für Risikofaktoren. In E. Terhart, H. Bennewitz & M. Rothland (Hrsg.), *Handbuch der Forschung zum Lehrerberuf* (S. 947–967). Münster: Waxmann.

Luken, M. & Sammons, A. (2016). Systematic Review of Mindfulness Practice for Reducing Job Burnout. *American Journal of Occupational Therapy, Vol. 70,* 1–10. http://doi.org/10.5014/ajot.2016.016956

Mackenzie, C., Poulin, P. & Seidman-Carson, R. (2006). A brief mindfulness-based stress reduction intervention for nurses and nurse aides. *Applied Nursing Research, Volume 19,* 2, 105–109. http://doi.org/10.1016/j.apnr.2005.08.002

Malinen, O.-P. & Savolainen, H. (2016). The effect of perceived school climate and teacher efficacy in behavior management on job satisfaction and burnout: A longitudinal study. *Teaching and Teacher Education, 60,* 144–152. http://doi.org/10.1016/j.tate.2016.08.012

Maslach, C., Jackson, S. E. & Leiter, M. P. (1996). *Maslach Burnout Inventory. Manual.* Palo Alto, CA: Consulting Psychologists Press.

Maslach, C. & Leiter, M. P. (1999). Teacher burnout: A research agenda. In R. Vandenberghe & M. A. Huberman (Eds.), *Understanding and preventing teacher burnout: A sourcebook of international research and practice* (pp. 295–303). Cambridge: Cambridge University Press. http://doi.org/10. 1017/CBO9780511527784.021

Maslach, C., Schaufeli, W. B. & Leiter, M. P. (2001). Job burnout. *Annual Review of Psychology, 52,* 397–422. http://doi.org/10.1146/annurev.psych.52.1.397

Mayr, J. (2014). Der Persönlichkeitsansatz in der Forschung zum Lehrerberuf. Konzepte, Befunde und Folgerungen. In E. Terhart, M. Rothland & H. Bennewitz (Hrsg.), *Handbuch der Forschung zum Lehrerberuf* (2. Aufl.). (S. 189–215), Münster: Waxmann.

McCormick, J. & Barnett, K. (2011). Teachers' attributions for stress and their relationships with burnout. *International Journal of Educational Management, 25* (3), 278–293. http://doi.org/10. 1108/09513541111120114

McEwen, B. S. (2002). Sex, stress, and the hippocampus: Allostasis, allostatic load, and the aging process. *Neurobiology of Aging, 23,* 921–939. http://doi.org/10.1016/S0197-4580(02) 00027-1

McLean, L. & McDonald Connor, C. (2015). Depressive symptoms in third-grade teachers. Relations to classroom quality and student achievement. *Child Development, 86*, 945–954. http://doi.org/10.1111/cdev.12344

Meichenbaum, D. (1977). *Cognitive behavior modification: An integrative approach.* New York: Plenum. http://doi.org/10.1007/978-1-4757-9739-8

Nieskens, B. (2006). Ergebnisse der Gesundheitsforschung für Lehrkräfte und Schulen. In DAK, BUK, GUVV W-L (Hrsg.), *Lehrergesundheit – Baustein einer guten gesunden Schule. Impulse für eine gesundheitsfördernde Organisationsentwicklung.* Hamburg: DAK. Zugriff am 17.01.2017 unter: http://www.schuleundgesundheit.hessen.de/fileadmin/content/Medien/Lehrergesundheit/HandbuchLehrergesundheit.pdf

Nübling, M., Wirtz, M., Neuner, R. & Krause, A. (2008). Ermittlung psychischer Belastungen bei Lehrkräften – Entwicklung eines Instruments für die Vollerhebung in Baden-Württemberg. *Zentralblatt für Arbeitsmedizin, Arbeitsschutz und Ergonomie, 58*(10), 312–313. http://doi.org/10.1007/BF03346233

OECD. (2005). *Attracting, developing and retaining effective teachers – Final report: Teachers matter.* Paris: OECD.

Ortner, T. M. (2012). Teachers' burnout is related to lowered speed and lowered quality for demanding short-term tasks. *Psychological Test and Assessment Modeling, 54*(1), 20–35.

Philipp, A. & Kunter, M. (2013). How do teachers spend their time?: A study on teachers' strategies of selection, optimisation, and compensation over their career cycle. *Teaching and Teacher Education, 35*, 1–12. http://doi.org/10.1016/j.tate.2013.04.014

Peter, M. & Peter, U. (2013). *Burnout-Falle Lehrerberuf?* Mühlheim an der Ruhr: Verlag an der Ruhr.

Piwowar, V., Thiel, F. & Ophardt, D. (2013). Training inservice teachers' competencies in classroom management. A quasi-experimental study with teachers of secondary schools. *Teaching and Teacher Education, 30*, 1–12. http://doi.org/10.1016/j.tate.2012.09.007

Pohlmann, B. & Möller, J. (2010). Fragebogen zur Erfassung der Motivation für die Wahl des Lehramtsstudiums (FEMOLA). *Zeitschrift für Pädagogische Psychologie, 24*(1), 73–84. http://doi.org/10.1024/1010-0652.a000005

Retelsdorf, J. & Möller, J. (2012). Grundschule oder Gymnasium? Zur Motivation ein Lehramt zu studieren. *Zeitschrift für Pädagogische Psychologie, 26*(1), 5–17. http://doi.org/10.1024/1010-0652/a000056

Roeser, R. W., Schonert-Reichl, K. A., Jha, A., Cullen, M., Wallace, L., Wilensky, R., Oberle, E., Thomson, K., Taylor, C. & Harrison, J. (2013). Mindfulness training and reductions in teacher stress and burnout: Results from two randomized, waitlist-control field trials. *Journal of Educational Psychology, 105*(3), 787. http://doi.org/10.1037/a0032093

Römer, J., Drews, F., Rauin, U. & Fabricius, D. (2013). Riskante Studien- und berufsrelevante Merkmale von Studierenden: Ein Vergleich von Lehramts- und Jurastudierenden. *Zeitschrift für Bildungsforschung, 3*(2), 153–173. http://doi.org/10.1007/s35834-013-0063-7

Roggenkamp, A., Rother, T. & Schneider, J. (2016). *Schwierige Elterngespräche erfolgreich meistern.* Augsburg: Auer.

Roloff Henoch, J., Klusmann, U., Lüdtke, O. & Trautwein, U. (2015). Who becomes a teacher? Challenging the "negative selection" hypothesis. *Learning and Instruction, 36*, 46–56. http://doi.org/10.1016/j.learninstruc.2014.11.005

Rothland, M. (2004). Interaktion in Lehrerkollegien. In A. Hillert & E. Schmitz (Hrsg.), *Psychosomatische Erkrankungen bei Lehrerinnen und Lehrern. Ursachen, Folgen, Lösungen* (S. 161–170). Stuttgart: Schattauer.

Rothland, M. & Klusmann, U. (2012). Belastung und Beanspruchung im Lehrerberuf. In S. Rahm & C. Nerowski (Hrsg.), *Enzyklopädie Erziehungswissenschaft Online (EEO), Fachgebiet Schulpädagogik.* Weinheim: Juventa. http://doi.org/10.3262/EEO0912038

Rothland, M. (2013). Soziale Unterstützung – Bedeutung und Bedingungen im Lehrerberuf. In M. Rothland (Hrsg.), *Belastung und Beanspruchung im Lehrerberuf*. Wiesbaden: Springer VS.

Rothland, M. & Klusmann, U. (2016). Belastung und Beanspruchung im Lehrerberuf. In M. Rothland (Hrsg.), *Beruf Lehrer/Lehrerin. Ein Studienbuch* (S. 351–370). Münster: Waxmann.

Rudow, B. (1994). *Die Arbeit des Lehrers*. Bern: Huber.

Rudow, B. (2000). *Arbeits- und Gesundheitsschutz im Lehrerberuf*. Ludwigsburg: Süddeutscher Pädagogischer Verlag.

Rudow, B. (2014). *Die gesunde Arbeit. Psychische Belastungen, Arbeitsgestaltung und Arbeitsorganisation*. Berlin/München: De Gruyter Oldenbourg Wissenschaftsverlag.

Ryff, C. D. & Singer, B. (1998). The contours of positive human health. *Psychological Inquiry, 9*, 1–28. http://doi.org/10.1207/s15327965pli0901_1

Schaarschmidt, U. (2004). *Halbtagsjobber? Psychische Gesundheit im Lehrerberuf – Analyse eines veränderungsbedürftigen Zustandes*. Weinheim: Beltz.

Schaarschmidt, U. & Fischer, A. (1996). *AVEM – Arbeitsbezogenes Verhaltens- und Erlebensmuster*. Frankfurt: Swets & Zeitlinger.

Schaarschmidt, U. & Fischer, A. (2001). *Bewältigungsmuster im Beruf: Persönlichkeitsunterschiede in der Auseinandersetzung mit der Arbeitsbelastung*. Göttingen: Vandenhoeck & Ruprecht.

Schaarschmidt, U. & Fischer, A. (2013). *Lehrergesundheit fördern – Schulen stärken. Ein Unterstützungsprogramm für Kollegium und Leitung*. Weinheim: Beltz.

Schaufeli, W. B. & Bakker, A. B. (2004a). *UWES – Utrecht Work Engagement Scale. Preliminary manual, version 1.1.* Utrecht University: Occupational Health Psychology Unit. Zugriff am 22.02.2017 unter http://www.wilmarschaufeli.nl/publications/Schaufeli/Test%20Manuals/Test_manual_UWES_English.pdf

Schaufeli, W. B. & Bakker, A. B. (2004b). Job demands, job resources, and their relationship with burnout and engagement. A multi-sample study. *Journal of Organizational Behavior, 25*, 293–315. http://doi.org/10.1002/job.248

Schaufeli, W. B. & Enzmann, D. (1998). *The burnout companion to study and practice. A critical analysis*. London: Taylor & Francis.

Schaufeli, W. B., Leiter, M. P. & Maslach, C. (2009). Burnout. 35 years of research and practice. *Career Development International, 14*, 204–220. http://doi.org/10.1108/13620430910966406

Schaufeli, W. B., Salanova, M., González-Romá, V. & Bakker, A. B. (2002). The measurement of engagement and burnout. A two sample confirmatory factor analytic approach. *Journal of Happiness Studies, 3*, 71–92. http://doi.org/10.1023/A:1015630930326

Schenström, A., Rönnberg, S. & Bodlung, O. (2006). Mindfulness-Based Cognitive Attitude Training for Primary Care Staff: A Pilot Study. *Journal of Evidence-Based Complementary & Alternative Medicine January, 11*(3), 144–152.

Schleicher, A. (2016). *Teaching excellence through professional learning and policy reform: Lessons from around the world*. OECD Publishing, Paris. http://doi.org/10.1787/9789264252059-en

Schmidt, J., Klusmann, U., Lüdtke, O., Möller, J. & Kunter, M. (2017). What makes good and bad days for beginning teachers? A diary study on daily uplifts and hassles. *Contemporary Educational Psychology, 48*, 85–97. http://doi.org/10.1016/j.cedpsych.2016.09.004

Schulgesetz für das Land Nordrhein-Westfalen (Schulgesetz NRW – SchulG). Vom 15. Februar 2005 (GV. NRW. S. 102) zuletzt geändert durch Gesetz vom 14. Juni 2016 (GV. NRW. S. 442).

Schumacher, L. (2006). Wege zu einer guten gesunden Schule – Gesundheitsförderung durch Organisationsentwicklung. DAK, BUK, GUVV W-L (Hrsg.), *Lehrergesundheit – Baustein einer guten gesunden Schule. Impulse für eine gesundheitsfördernde Organisationsentwicklung*. Hamburg: DAK. Zugriff am 17.01.2017 unter: http://www.schuleundgesundheit.hessen.de/fileadmin/content/Medien/Lehrergesundheit/HandbuchLehrergesundheit.pdf

Schult, J., Münzer-Schrobildgen, M. & Sparfeldt, J. R. (2014). Belastet, aber hochzufrieden? *Zeitschrift für Gesundheitspsychologie, 22* (2), 61-67. http://doi.org/10.1026/0943-8149/a000114

Schwarzer, R. (1996). *Psychologie des Gesundheitsverhaltens* (2. überarb. u. erw. Aufl.). Göttingen: Hogrefe.

Schwarzer, R. & Jerusalem, M. (Hrsg.) (1999). *Skalen zur Erfassung von Lehrer- und Schülermerkmalen. Dokumentation der psychometrischen Verfahren im Rahmen der Wissenschaftlichen Begleitung des Modellversuchs Selbstwirksame Schulen.* Berlin: Freie Universität Berlin.

Schwarzer, R. & Leppin, A. (1988). *Sozialer Rückhalt und Gesundheit. Eine Meta-Analyse.* Göttingen: Hogrefe.

Selye, H. (1981). Geschichte der Grundzüge des Stresskonzeptes. In J. R. Nitsch (Hrsg.), *Stress: Theorien, Untersuchungen, Maßnahmen* (S. 163-187). Bern: Huber.

Sharp, J. J. & Forman, S. G. (1985). A comparison of two approaches to anxiety management for teachers. *Behavior Therapy, 16* (4), 370-383. http://doi.org/10.1016/S0005-7894(85)80004-6

Shen, B., McCaughtry, N., Martin, J., Garn, A., Kulik, N. & Fahlman, M. (2015). The relationship between teacher burnout and student motivation. *British Journal of Educational Psychology, 85* (4), 519-532. http://doi.org/10.1111/bjep.12089

Siegrist, J. (1996). Adverse Health Effects of High-Effort/Low-Reward Conditions. *Journal of Occupational Health Psychologie, 1,* 27-41. http://doi.org/10.1037/1076-8998.1.1.27

Sonnentag, S. (2006). Feuer und Flamme für die Arbeit. Das Konzept des Arbeitsengagements. *Wirtschaftspsychologie, 3,* 81-86.

Syring, M. (2017). *Classroom Management. Theorien, Befunde, Fälle - Hilfen für die Praxis.* Göttingen: Vandenhoeck & Ruprecht.

Statistisches Bundesamt. (2005). *Lehrer gehen mit durchschnittlich 62 Jahren in Pension. Pressemitteilung vom 9. Dezember 2005.* Wiesbaden.

Statistisches Bundesamt. (2015). *Zahl der Pensionierungen von Lehrkräften erreicht 2014 neuen Höchstwert.* Pressemitteilung vom 17. Dezember 2015 - 470/15. Wiesbaden: Statistisches Bundesamt. Zugriff am 02.06.2017 unter https://www.destatis.de/DE/PresseService/Presse/Pressemitteilungen/2015/12/PD15_470_742pdf.pdf?__blob=publicationFile

Swider, B. W. & Zimmerman, R. D. (2010). Born to burnout: A meta-analytic path model of personality, job burnout, and work outcomes. *Journal of Vocational Behavior, 76,* 487-506. http://doi.org/10.1016/j.jvb.2010.01.003

Terhart, E., Lohmann, V. & Seidel, V. (2010). *Eine Analyse aktueller Studienordnungen und Modulhandbücher an Universitäten in Nordrhein-Westfalen.* Universität Münster: Institut für Erziehungswissenschaften.

Tietze, K. (2003). *Kollegiale Beratung: Problemlösungen gemeinsam entwickeln.* Reinbek: Rowohlt.

Trökes, A. (2010). *Das große Yogabuch.* München: Gräfe und Unzer.

van Horn, J. E., Taris, T. W., Schaufeli, W. B. & Schreurs, P. J. (2004). The structure of occupational well-being: A study among Dutch teachers. *Journal of Occupational and Organizational Psychology, 77,* 365-375. http://doi.org/10.1348/0963179041752718

Vaitl, D. (2014). Autogenes Training. In F. Petermann & D. Vaitl (Hrsg.), *Entspannungsverfahren.* Weinheim: Beltz.

Vandenberghe, R. & Huberman, A. M. (Eds.). (1999). *Understanding and preventing teacher burnout. A sourcebook of international research and practice.* Cambridge, UK: Cambridge University Press. http://doi.org/10.1017/CBO9780511527784

Virgili, M. (2015). Mindfulness-Based Interventions Reduce Psychological Distress in Working Adults: a Meta-Analysis of Intervention Studies. *Mindfulness, 6,* 326. http://doi.org/10.1007/s12671-013-0264-0

Voss, T., Kunter, M., Seiz, J., Hoehne, V. & Baumert, J. (2014). Die Bedeutung des pädagogisch-psychologischen Wissens von angehenden Lehrkräften für die Unterrichtsqualität. *Zeitschrift für Pädagogik, 60*(2), 184–201.

Voss, T., Kunina-Habenicht, O., Hoehne, V. & Kunter, M. (2015). Stichwort Pädagogisches Wissen von Lehrkräften: Empirische Zugänge und Befunde. *Zeitschrift für Erziehungswissenschaft, 18*(2), 187–223. http://doi.org/10.1007/s11618-015-0626-6

Walter, U., Krugmann, C. S. & Plaumann, M. (2012). Burn-out wirksam prävenieren? Ein systematischer Review zur Effektivität individuumbezogener und kombinierter Ansätze. *Bundesgesundheitsblatt, Gesundheitsforschung, Gesundheitsschutz, 55*(2), 172–182. http://doi.org/10.1007/s00103-011-1412-0

Wang, C., Bannuru, R., Ramel, J., Kupelnick, B., Scott, T. & Schmid, C. (2010). Tai Chi on psychological well-being: systematic review and meta-analysis. *BMC Complementary & Alternative Medicine,* 10–23.

Warr, P., Cook, J. & Wall, T. (1979). Scales for the measurement of some work attitudes and aspects of psychological well-being. *Journal of Occupational Psychology, 52,* 129–148. http://doi.org/10.1111/j.2044-8325.1979.tb00448.x

Watt, H. M. G. & Richardson, P. W. (2007). Motivational factors influencing teaching as a career choice: Development and validation of the FIT-Choice Scale. *The Journal of Experimental Education, 75*(3), 167–202. http://doi.org/10.3200/JEXE.75.3.167-202

Weber, A., Weltle, D. & Lederer, P. (2004). Frühinvalidität im Lehrerberuf: Sozial- und arbeitsmedizinische Aspekte. *Deutsches Ärzteblatt, 101*(13), 850–859.

Weiss, H. M. (2002). Deconstructing job satisfaction. Separating evaluations, beliefs and affective experiences. *Human Resource Management Review, 12,* 173–194.

WHO (1986). *Ottawa-Charta zur Gesundheitsförderung.* Ottawa: WHO. Zugriff am 22.02.2017 unter http://www.euro.who.int/__data/assets/pdf_file/0006/129534/Ottawa_Charter_G.pdf?ua=1

Zeidan, F. (2015). The Neurobiology of Mindfulness Meditation. In K. Brown, J. Creswell & R. M. Ryan (Hrsg.), *Handbook of Mindfulness: Theory, Research, and Practice.* S. 171–189. New York: Guilford Press.

Zulley, J. (2005). *Mein Buch vom guten Schlaf.* München: Verlag Zabert Sandmann.

Psychologie im Schulalltag
Psychologisches Wissen für die Schule nutzbar gemacht

Herausgegeben von Caterina Gawrilow, Marcus Hasselhorn, Ulrich Trautwein, Christina Schwenck und Stefan Drewes

- Empirisch fundiert und praxisorientiert
- Fallbeispiele und konkrete Handlungsvorschläge, Materialien und Zusatzinformationen
- Jährlich 2 Bände à ca. 120 Seiten

Zwei unterschiedliche Arten von Bänden im Wechsel:
- Bände zur individuellen Entwicklung von Schülerinnen und Schülern
- Bände zur Lernumgebung und zum Verhalten der Lehrkraft

Silvia Schneider/ Lukka Popp

Emotionale Störungen und Verhaltensauffälligkeiten

Band 2: 2018.
ca. 120 Seiten,
ca. € 22,95/CHF 29.90
ISBN 978-3-8017-2898-4
Auch als eBook erhältlich

Gerhard Büttner/ Anne Fischbach/ Janin Brandenburg/ Marcus Hasselhorn

Schwierigkeiten beim Schriftspracherwerb

Band 3: 2018.
ca. 120 Seiten,
ca. € 22,95/CHF 29.90
ISBN 978-3-8017-2855-7
Auch als eBook erhältlich

www.hogrefe.com

Andreas Hillert /
Stefan Koch / Dirk Lehr

Burnout und chronischer beruflicher Stress

Ein Ratgeber
für Betroffene
und Angehörige

(Ratgeber zur Reihe: „Fortschritte
der Psychotherapie", Band 39). 2018,
89 Seiten, Kleinformat, € 9,95 / CHF 13.50
ISBN 978-3-8017-2833-5
Auch als eBook erhältlich

Der Ratgeber informiert über die Zusammenhänge von beruflicher Belastung sowie von Stress- und Burnouterleben. Er stellt wissenschaftlich fundierte und praktisch bewährte Strategien vor, wie chronischem Stress begegnet werden kann.

Gaby Gschwend

Die Widerstandskraft der Seele steigern

Wege zu innerer
Stärke und mehr
Wohlbefinden

2017, 107 Seiten, Kleinformat,
€ 14,95 / CHF 19.90
ISBN 978-3-8017-2768-0
Auch als eBook erhältlich

Das Buch zeigt anhand zahlreicher Beispiele und Übungen Wege auf, wie die inneren Widerstandskräfte gestärkt werden können, um so die psychischen Gesundheit und das eigene Wohlbefinden zu fördern.

Johannes Michalak /
Petra Meibert /
Thomas Heidenreich

Achtsamkeit üben

Hilfe bei Stress,
Depression, Ängsten
und häufigem Grübeln

(Ratgeber zur Reihe: „Fortschritte
der Psychotherapie", Band 40). 2017,
65 Seiten, Kleinformat, € 8,95 / CHF 11.90
ISBN 978-3-8017-2676-8
Auch als eBook erhältlich

Der Ratgeber informiert darüber, was Achtsamkeit ist, wie Achtsamkeit wirkt und wie sie geübt werden kann. Er erläutert den Aufbau verschiedener achtsamkeitsbasierter Therapieprogramme und stellt verschiedene Achtsamkeitsübungen vor.

Johannes Michalak /
Thomas Heidenreich /
J. Mark G. Williams

Achtsamkeitsübungen für die klinische Praxis und den Alltag

Audio-CD

(Ratgeber zur Reihe: „Fortschritte
der Psychotherapie", Band 23). 2012,
MP3-Dateien, € 14,95 / CHF 21.90
ISBN 978-3-8017-2444-3

Achtsamkeit ist das Bemühen, sich dem, was sich im Hier-und-Jetzt entfaltet, mit möglichst großer Aufmerksamkeit und Offenheit zuzuwenden. Die Audio-CD enthält drei zentrale Achtsamkeitsübungen, die therapiebegleitend eingesetzt werden können und sich zudem für das Üben zu Hause eignen.

www.hogrefe.com